百万市民学科学——江城科普读库

山
SHAN

李舜贤　张志坚　曾佐勋　次　落
刘　锐　陈　晨　刘德民　　著

中国地质大学出版社
ZHONGGUO DIZHI DAXUE CHUBANSHE

《山》
编委会

顾问组： 傅安洲　成金华　赖旭龙　杨巍然

策　划： 傅安洲　杨巍然　李舜贤　曾佐勋
　　　　　喻芒清　徐　岩　李素矿　肖智勇

著　者： 李舜贤　张志坚　曾佐勋　次　落
　　　　　刘　锐　陈　晨　刘德民

实施负责： 喻芒清　李素矿　曾佐勋

序 一

打开面前这本书，图文并茂，诗画俱全，令我十分感兴趣，而封面以青山绿水组成的象形文字"山"更让我产生了极大的兴趣。仔细阅读，发现书的三篇文字目录都与山有关，分别是识山、登山和探山。这样写山的书是十分罕见的。书中大量珍贵和美丽的照片以及通篇精练和诗般的文字叙述都是与这"山"有关的人、景、事和物。原来这是一本以中国地质大学登山史为主线的有关山的故事。识山篇具有知识性，登山篇具有故事性，而探山篇则具有理论性，因而是集登山史实、山脉成因探索和基础地质知识普及为一身的有趣著作，其可读性极强。

中国地质大学与我国登山事业发展、登山科学考察和构造地质理论研究息息相关，"三山"是这所大学的特色和优势之一，不仅在国内闻名，还具有重要的国际影响。

2012年5月19日，由中国地质大学南北联合组建的登山队成功地登上了珠穆朗玛峰，为校庆60周年献上了一份厚礼。当日，时任国务院总理温家宝同志去中国地质大学（武汉）探望母校师生。他的精彩讲话就是从热烈祝贺学校登山队成功登上珠峰开始，他祝母校师生以攀登珠峰的顽强精神勇攀科技高峰，把中国地质大学建成地球科学领域世界一流大学。当时我也告知家宝总理，他在母校60周年校庆前夕应邀为学校题写的"中国地质大学"六字校名已经书写在校旗上，被登顶英雄插在了珠峰之巅。这是中国地质大学的骄傲，也是中国人民的骄傲。

今天，中国地质大学的广大师生仍在书写着"山"的故事，而且在加强生态文明建设的今天，他们正在前"三山"的基础上继续书写新篇章：护山。

山是地球之脊骨,"护山"就是护水,护资源,护气候,护生物多样性,护人类美好家园,护人类可持续发展。我们要金山银山,我们更要绿山青山,让我们自己和我们的子孙后代拥有一个更加美丽、清洁、和谐的地球!

赵鹏大

2016 年 10 月 18 日

中国科学院院士,原中国地质大学(武汉)校长　赵鹏大
(摄于 2016 年)

Preface 1

Upon opening this book, I was immediately fascinated by its rich content highlighted with illustrations, pictures and poems. What drew me even further was the scenic of mountains piecing together to form the Chinese character "山" (mountain) on the front cover. Reading the book more carefully, I found in the contents that three parts of the book are all related to mountains: Knowing the Mountains, Climbing the Moutains and Exploring the Mountains. It is very rare to have a book about mountains written in this way. The beautiful and precious pictures as well as the poetic language collectively narrate the people, scenaries and events behind these "Three Mountains" (the above mentioned three parts). I then realize that this book is a documentation of the mountain-climbing history of the Mountain Climbing Team of China University of Geosciences, the former Beijing College of Geology and Wuhan College of Geology. Knowing the Mountains offers us knowledge; Climbing the Moutains presents us stories, while Exploring the Mountains provides us with theory. It has integrated the records of mountain climbing history, the approaches to mountain origin and popularization of basic geologic knowledge. Integrating all three parts together, this book acts as a witness to the mountain climbing history, a voyager to the mountain formation theories, and an advocator for popularization of fundamental geological knowledge, and should prove to be an interesting read for readers of all levels.

As a matter of fact, China University of Geosciences is closely involved with the development of Chinese mountain climbing, mountain expedition and theoretical studies of structural geology. The "Three Mountains" are just one of the university's unique attractions and advantages, giving this university significant influence both domestically and internationally in the field of geology.

The Mountain Climbing Team co-organized by China University of Geosciences (Wuhan) with China University of Geosciences (Beijing) successfully conquered Mount

Qomolangma (Everest) on May 19, 2012, which was a valuable present to the 60th anniversary of the university. It was also just on that day, that Premier Wen Jiabao paid a visit to his alma matar — China University of Geosciences (Wuhan), and met the students and staffs there. At the meeting, he started off his wonderful speech by congratulating on the success of the university Mountain Climbing Team. He encouraged the students and teachers to climb up the summit of science and technology with the indomitable spirit of the mountain climbers, and build China University of Geosciences into one of the first-rate universities of Earth Sciences in the world. I informed Premier Wen that his Chinese Calligraphy of "China University of Geosciences" (in Chinese) for its 60th anniversary before the celebration was printed onto a flag and carried as a university flag onto the summit of Mount Everest. This is not only the pride of our university, but also the glory of the Chinese people.

Today, students and teachers of China University of Geosciences are still continuing writing the story of mountains. Furthermore, in an effort to construct an ecological civilization, they are endeavoring to compose the forth part—Protecting the Mountains.

Mountains are the back bone of the earth; protecting the mountain is protecting the water, the resources, the climate, biodiversity, and sustainability of human development. We need green mountains and clear waters more than gold and silver mountains. Let us work together to ensure a cleaner, more beautiful and harmonious earth for us and the children of the world!

Zhao Pengda
October 18th, 2016

序 二

李舜贤教授领导的写作团队撰写的《山》一书，经过3年多艰难奋斗终于成稿了。该书以"山"命名，简明生动地突出了该书的主题——识山、登山和探山。通俗地回答了人们非常关注的问题，诸如山是怎样形成的，山为什么在这里出现，特别是世界上最重要的山和山脉为什么都集中分布于近南北向的环太平洋造山域和近东西向的古地中海造山域，造山作用及与之密切相关的构造运动、地震、火山作用、成岩成矿作用等的动力来自何处，我相信广大读者朋友们一定会感兴趣。这是地质工作者运用本学科的知识大胆地探讨相邻学科有关山的问题，也是一次非常有益的尝试，希望今后不同学科的朋友们联合起来共同对一些大家感兴趣的基础学科问题进行研究和普及，以激发广大青年朋友们学习科学、研究科学和热爱科学的兴趣，提高他们发现问题、分析问题、解决问题的能力和创新精神。这正是撰写《山》的目的。

作者运用精美的图片和优雅的诗文精心还原了中国地质大学五代地质人五次攀登珠穆朗玛峰的过程及其精彩的片段；细致讲述了他们在识山、登山、探山过程中碰到的各种情况和应对的举措，深入揭示了他们的思想活动和感情变化；厘清了他们对山与人关系认识的思想脉络：从好奇而了解山，从感兴趣而亲近山，从喜爱而攀登山，从敬畏、征服而挑战山。当登上峰顶，视野豁然开阔，攀登者深感珠峰之伟大和天地之广阔，迅速投入她的怀抱和她进行感情的交流，充分展现了勇攀高峰无止境团队合作创新程的登山精神和群山育我我爱山的登山情怀。通过探山的进一步总结，不仅对山的特征和成因有了新的认识，而且对人山关系又有了进一步的理解，从而逐渐认识到天、地、生（物）、人相互依存，和谐发展的自然规律，自觉地沿着"爱山""护山""人山合一"的方向继续前行，从地球走向宇宙。通过识山、登山、探山的实践而总结出人山关系的思想脉络是这本书的一个亮点。

该书是从地质学的角度对山进行研究、分析和阐述的，在探讨山的成因时采用了中国地质大学（北京）前副校长马杏垣院士倡导的开合构造理论进行分析和总结，并简要介绍了开合构造理论的基本观点和世界七大洲最高峰的登山科考中取得的部分成果，进一步阐述了登山和科考结合是一条提高登山质量和科研水平的有效途径。这也是本书的另一个亮点。

开合构造是我国五代地质工作者总结出来的一种新的大地构造理论，它不但适用于地球科学领域，而且对其他学科和行业也有一定的参考和启迪意义。我诚心希望广大青年朋友能关注它、喜欢它、运用它、发展它，使开合构造的研究更加深入并得到不断完善，努力为提高我国地质科技水平和促进人类可持续发展作出贡献。

值此书出版之际，感慨万千，草成四句：

有幸结成山水缘，师生共探"两峰"巅。
"三山"传世传佳话，继往开来"开合"篇。

杨巍然

2016 年 11 月 6 日

原中国地质大学（武汉）副校长兼中国地质大学研究生院院长　杨巍然
（摄于 2015 年）

Preface 2

The book *Mountains* of three parts edited by the writing team headed by Professor Li Shunxian is at last ready for publication after their three years of hard work. The title "*Mountains*" given by the team highlights briefly and vividly the theme of the book—mountain. The book *Mountains* provides answers in an easy-to-understand way to the questions interested by the common people. The questions are concerned with how the mountains are formed, or why mountains should appear in this place. Special interests are also concerned with the concentrated distribution of many world famous mountains or mountain ranges in the nearly north-south trending Pacific Rim and nearly east-west trending ancient Mediterranean orogenic domain. Some interests are also concerned with the source of the driving force for the orogeny and its closely related tectonic movement, earthquakes, volcanism and diagenesis and mineralization. These questions, I believe, should also be interesting to our young people. They are also the questions about mountains that geologists make their brave attempts to approach by geological knowledge combined with relevant disciplines. Hence, the purpose of this book is just to study and popularize some basic science of common interest in cooperation with scientists of different disciplines so as to inspire the younger generations to learn actively science and study scientific problems. This, I hope, will help encourage our younger friends to find, analyze and solve scientific problems so as to enhance their research competence and creativity.

All the authors for the book *Mountains* have elaborately carved the whole process of five times of conquering Mount Qomolangma (Everest) by five generations of mountain climbers from China University of Geosciences with abundant beautiful pictures and elegant poems. The mountain climbers have described in detail their reactions and countermeasures when faced with unpredicted situations or problems during their knowing the mountains, climbing the mountains and exploring the mountains. Also they have revealed their thoughts and feeling changes as well as the enlightenments thus triggered. What is more, they have clarified their understanding of the relationship between man and mountains: curiosity driving the yearn to learn about the mountains, interest urging the approach of the mountains, manifesting the fireless of perusin the submit and the fever love of mountanis. And respect propelling the climbing of the mountains till all challenges defeated and mountains conquered. It is stated that when they reached the top, they had their minds opened up much wider and felt themselves much smaller in comparison with the grandness and broadness of Mount Qomolangma (Everest). Consequently, they plunged themselves into the mountains and tried to communicate with them, feeling great adoration for the mountains. The further summary of exploring the mountains not only offers us new insight into the characteristics and origin of mountains but also allows us to have a deeper understanding of the relationship between man and mountains and to recognize progressively the interdependence of man with heaven, earth and biota and the natural law of harmonious development. With all these understandings, we can continue to march on in an orientation from the earth to the universe, loving mountains, protecting mountains and integrating mountains with man. The shining point of this book is its organization from describing the practice of knowing, climbing and exploring the mountains to achieve the conclusion of the relationship between man and mountains.

Another shining point is that the book studies, analyzes and discusses the mountains from the prospective of geology. In discussing the origin of mountains, the book briefly introduces the basic ideas of opening-closing tectonics theory proposed by Professor Ma Xingyuan, late vice President of China University of Geosciences, and some achievements made in the mountain expeditions of the highest mount peaks in seven continents of the world. The book further explains that the combination of mountain climbing and scientific research is an effective approach to improving the quality of mountain climbing and the level of scientific research.

Opening-closing tectonics is a new theory proposed and determined by five generations of Chinese geologists. The theory can be applied in earth science field and can also be a reference and inspiration for other sciences and industries. I wish with all my heart that our young friends will care for it, like it, use it and further develop it to sophisticate and perfect this new theory. All in all, we can work together to elevate the geological research level in China and make contributions to the human sustainable development.

Writing here, I am overflowed with emotions and thoughts. I would like to end this preface with a little poem:

Tied by mountains and rivers, Mentors and disciples chase scientific peaks.
Legend of mountains lasts forever, The etevnal theory of "opening and closing".

Yang Weiran
November 6th, 2016

前 言

世界七大洲群山之巅是世界各族人民向往的圣地,是人们寻觅山之秘事的焦点。一代又一代人识山、登山、探山,这是一个完整的认识过程,蕴含了山对人的无私和人对山的情怀。

中国先人对山的认识有着源远流长的光辉历史。先秦神话著作《山海经》内有《山经》5篇,当为世界最早关于"山"的描述,记述了当时中国天下名山5 370座,令人惊叹!

其中独具魅力的古典神话故事"共工怒触不周山"讲述了水神与火神争帝之斗。不周山地处西北方向,山形崎岖险峻,是一极高的擎天柱。共工因不能取胜,陡生万丈怒气,猛地头撞不周山,使其轰然倒塌,于是天旋地转,大地改观,形成西北高山区—高原区,东南低山—丘陵—平原区。从此水向东流。

女娲氏炼石补天,神农氏登百山寻食百草,历代皇帝敬封泰山,文人墨客以诗文赞颂名山,中华民族崇敬名山成为历史长河中的辉煌画卷。

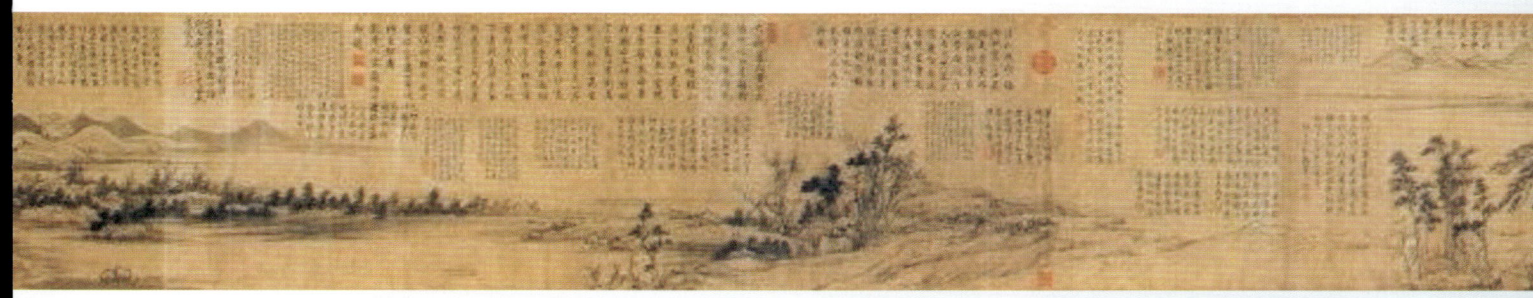

识 山

从科学观点来看,中国地形现状,是地球内外动力长期博弈的结果。山的形成以地球内动力的不平衡为主导,造成了地球表层水平运动和垂直运动相互博弈,形成褶皱、断裂、火山-岩浆活动、变质作用等,也受外动力的各种地质改造作用,如流水、风、雪、冰川、潮汐等，以及"星外来客"等影响，从而不断造就新的平衡，形成现在山水相依的地貌景观。

近代人类改造自然也引发地球表面的若干改变，对环境变迁有一定影响，故地球地貌景观是多因素联合影响形成的。

一群大学师生抱着对山的情怀，而探索山是人的理想与追求，在识山、登山、探山的旅程中跋涉……

山，奇峰险峻，变幻莫测，宁静大度，风光无限！

山，有无数的宝藏，为人类的繁衍生息、可持续发展作出奉献！

山，世界各洲风采奇险丛生，风云突变，魅力无限；欲登各洲之巅，令人遐想！

山，奇特与魔幻，美妙与趣味，变化无限；欲登奇峰之巅，考验连连，令人神往！

山，心怀宽广，发育百川，是人类文明和人类文化发展的摇篮之一，却不争盛名！

登山

一所大学从新中国登山事业开创之初，就顺应国家需要培养了一批又一批学子，坚持着对中国登山科考事业的不懈追求。从第一批国家登山训练班开始，一批批优秀学子谱写了一曲又一曲登山赞歌。其中以北京地质学院毕业生王富洲为代表的第一代登山人于1960年实现人类首次从珠峰北坡登顶的创举，震惊世界。

武汉地质学院毕业生李致新、王勇峰被誉为中国登山界的"双子星"，以他们为代表的中国登山队成功地攀登上世界七大峰之巅，凸显了他们对登山事业的不懈追求，谱写了他们对山的情怀。

跨世纪成长的次落是首位登顶珠峰的在校大学生，从中国地质大学（武汉）毕业后加入中国登山队。在王勇峰队长的带领和指导下，谱写了成功攀登世界七大洲最高峰和跨越南北两极(简称"7+2")的凯歌。

进入21世纪,由年轻一代登山英杰组建的"中国地质大学登山科考队",在董范教授的带领下,于2016年12月圆满完成了世界"7+2"登山科考活动,同样展示了他们对山的情怀。该活动得到了李致新、王勇峰、次落等优秀登山家的现场指导和具体帮助,更体现了中国地质大学登山精神的继承与发展。

探山

探山是依据杨巍然教授领导的5名博士生导师(曾佐勋、王国灿、李德威、杨坤光、邓清禄)、教授(张旺生、葛孟春及其他中青年教授等)及百余名博士、硕士团队长期研究的成果,从现代地质科学的角度,反映当代中国地质学家们对山的探索,揭示了现代地质学家对山的本质认识,简要地分析了认识深化的过程,总结了历史认知的旅程,揭示了新的开合构造全球观,是在继承前人科学研究成果上的新发展,是值得深入研究的,以期取得创新的里程碑式成果。

识山、登山、探山是对山的自然规律的有机系统的求索与认识的深化,是求真务实的科学探索。一代又一代的个人与群体,置生死于度外,尽极限之体力、智力与毅力,走在世界的前列。他们怀雄心与大志,实现理想,圆梦登顶世界高山之巅,成就登山科考的盛事,各展情怀与雄风。

《山》一书正是以识山、登山、探山3篇科学探索活动的文章为主线,用不尽相同的编撰风格,突出了本书的趣味性和科普特色,深入而生动地概述登山者们对山的情怀。

书中的登山英杰们用他们的满腔登山热情书写了永不褪色的青春传奇,铸就了光芒四射的英雄形象!对今天的青年朋友们有着美好的启示,这是一种升华了的山与人的情怀,是永恒的山与人的情怀,是勇攀高峰精神的不断弘扬。

科学探索是几代人的辛苦耕耘,后人在前人引导下不懈奋斗、认真总结才有新的创见。第三篇关于"开合构造"——全球构造的探索是中国地质科学院黄汲清老先生,中国科学院地质研究所张文佑老先生和中国地质大学(北京)马杏垣老先生及他们的学生们不断探索的新创见,是具有创新的科学探索成果。现在,杨巍然、姜春发、张抗、郭铁鹰4位均已是耄耋之年的老者,他们共同研究并对开合构造作出新总结,他们不懈奋斗的精神给人们以新的启迪。当然,我们更期待中青年学者们有石破天惊的新成果。

书中照片主要来源于中国登山队、中国地质大学登山队、中国地质大学(武汉)党委宣传部,在此一并致礼!

《山》的出版得到武汉市科学技术协会"武汉市全民科学素质行动计划科学工作项目"原创性科普著作资助(2016年7月),同时得到中国地质大学(武汉)专项资金资助,还得到国家自然科学基金项目(编号:41230206和41641037)支持和中国地质大学校友会基金资助,作者在此致以深深谢意!

> 怀揣探索梦,登顶七峰巅。
> 几代师生汗,结晶开合篇。

李舜贤　曾佐勋 执笔
2016年6月16日

目 录

第一篇 识 山

第一章 山之风采 /3
第一节 自然的山 /3
第二节 群山争艳 /8
第三节 各洲翘首的奇峰 /12

第二章 山与生态环境 /21
第一节 山对生态环境的影响 /21
第二节 山的生态和谐 /23

第三章 山与资源 /27
第一节 传统资源的风采 /27
第二节 资源开发 /29

第四章 山与人文史观 /32
第一节 文化与文明的简要解析 /32
第二节 山是人类文明的根基之一 /33
第三节 山承载的文明与文化 /34

第二篇 登山

第五章 现代登山史话 /43
第一节 现代登山运动史诗 /43
第二节 受元帅表扬的女英雄 /46

第六章 北坡首登珠峰顶 /48
第一节 北坡登顶风云变幻 /48
第二节 北坡登顶 /49
第三节 最后的采访 /54

第七章 20世纪70年代后期的登山与科考 /58
第一节 沉寂与复苏 /58
第二节 登山科考者的情怀 /58
第三节 登山新纪录 /62
第四节 难忘的插曲 /65

第八章 "双子星"与中国风 /71
第一节 历史渊源 /71

第二节　不一样的登顶 /72

　　第三节　宏志的源泉 /77

　　第四节　光辉的实践 /80

第九章　跨世纪的传说 /97

　　第一节　升起的新星 /97

　　第二节　感恩 /102

　　第三节　跟着王队长完成"7＋2" /103

　　第四节　2008年震惊世界的珠峰圣火传递 /119

第十章　新世纪的风采 /125

　　第一节　出色代表 /125

　　第二节　登上珠峰 /129

　　第三节　面向世界——地大"7＋2"登山暨科考活动 /135

第三篇　探山

第十一章　探山史话 /169

　　第一节　粗犷的旅程 /169

　　第二节　中国地质学家对山的探索 /172

　　第三节　"板块构造"学说是海洋起家，难登大陆 /177

第十二章　新全球构造观探索 /183

　　第一节　传统的风采 /183

　　第二节　开合构造：新全球构造观探索 /186

第十三章　传承与创新 /202

　　第一节　优秀的传承 /202

　　第二节　创新 /205

第十四章　各洲首峰新探 /209

　　第一节　珠峰成因新解析 /209

　　第二节　各洲首峰的共性 /219

　　第三节　弧形构造各具特色 /225

　　第四节　各洲首峰成山特色 /229

　　第五节　简评开合构造 /234

第十五章　护佑山灵 /239

　　第一节　护山从源头做起 /239

　　第二节　护山就是护水、护气候、护生物 /241

　　第三节　护山就是护人类 /244

跋 /249

识山

第一篇

第一章　山之风采

胸怀崇敬颂名山，探索寻真不畏难。
五岳三山铺画卷，奇峰峻岭驻心田。

第一节　自然的山

珠穆朗玛峰全景

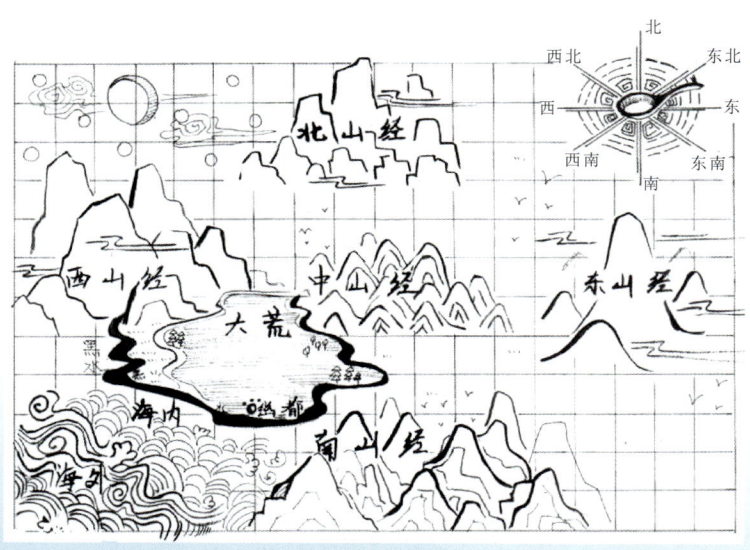

《山海经》示意图

东西南北中，
五岳镇乾坤。
自有追山梦，
精神贯古今。

一、山

　　胸怀广浩兮发百川源,风光无限兮层峦叠嶂;
　　奇峰巍峨兮各地翘首,雄峰屹立兮与天奇长;
　　植物资源兮受益环境,动物资源兮生存八荒;
　　宝藏无限兮贡献无私,水利资源兮江河流淌;
　　新有资源兮不断发现,旅游名胜兮五洲四洋。

二、山韵

华山　　　　　　　泰山　　　　　　　黄山

拼山能成山,无限好风光

泰山:五岳之首,受到历代帝王、文人雅士和百姓的崇拜。
华山:自古华山一条路,华山论剑是山文化之传承与延伸。
黄山:著名的自然山水画卷,风光无限。徐霞客有云:黄山归来不看岳。

韵
十六字令三首

山,
快马加鞭未下鞍。
惊回首,
离天三尺三。

山,
倒海翻江卷巨澜。
奔腾急,
万马战犹酣。

山,
刺破青天锷未残。
天欲堕,
赖以柱其间。

一九三四年至一九三五年　毛泽东

三、和韵

褶皱　　　　　　　　　穹隆　　　　　　　　　断块

构造拼成山,本质亦风光

褶皱:地球构造中以水平运动为主,挤压形成的山形形象。

穹隆:地球构造中以垂直上升为主和水平作用为辅双向作用形成的山形形象,岩浆岩体常侵入核部。

断块:地球构造中水平运动和垂直运动均可将岩层变成断块山形形象。

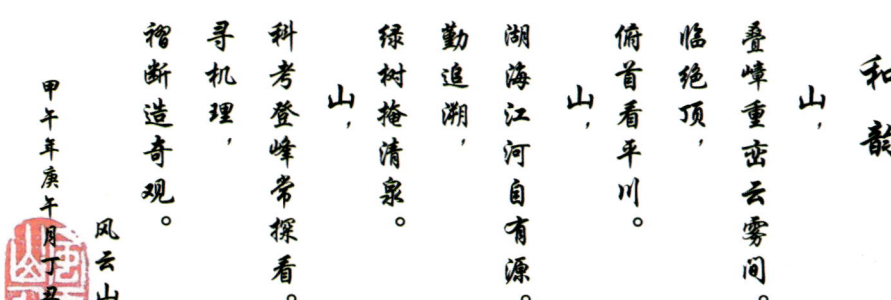

和韵

山,
叠嶂重峦云雾间。
临绝顶,
俯首看平川。

山,
湖海江河自有源。
勤追溯,
绿树掩清泉。

山,
科考登峰常探看。
寻机理,
褶断造奇观。

风云山人
甲午年庚午月丁丑日

四、山的分类

山的分类常用地理学的分类,是以相对于海平面的海拔高度的数据为依据。通常划分如下:

丘陵:200～500m

低山:500～1 000m

中山:1 000～3 500m

高山:3 500m以上

1. 丘陵

起伏变化有限,自然风光无限,是最适宜人类居住的自然环境之一,水量充沛,绿色资源丰富,亦有丰富的矿产资源及人文景观。

武夷山(丘陵)

2. 低山

自然条件良好,资源丰富,适合人类生存与发展,且有众多的风景名胜和人文史诗遗迹。如风光无限、文化底蕴丰厚的黄山地区,就是低山区。

黄山(低山)

3. 中山

自然风光无限,蕴藏丰富的绿色资源和矿产资源等,也有丰富美丽的自然景观和人文史诗遗迹。如受断裂控制的华山,形成自古华山一条路的奇景。峨眉山则是自然景观和人文景观巧妙结合的典型。

峨眉山(中山)

4. 高山

森林稀少,且多分布在 4 500m 左右,奇妙植被与雪景相映。山势奇险,高峰林立,冰川发育,是名川巨流的发源地,生物稀少而独特,最不适宜人类居住,却是人类探险的主要目的地。如险峻无比,集神秘与神圣于一体的喜马拉雅山。

喜马拉雅山(高山)

第二节　群山争艳

一、山脉

　　山脉成群成带是特色,中国西部的群山山脉凸显出山的宏伟及其规模。群山多峰,平视很难领略其风采,唯有高空俯视方能综观全局。如横亘亚洲腹地的天山山脉和世界最长的安第斯山脉。

天山山脉

雄伟无比的中国西部昆仑山脉

世界最长的山脉（绵延近万千米）——安第斯山脉

二、山地、山峰、山谷、山岭、山脊、山鞍部、山坳

（1）山地：地形的一种，和平原、丘陵、高原、盆地等构成五大地形。

（2）山峰：具有一定海拔高度的尖状山顶。

（3）山谷：两山间的低凹而狭窄处。

（4）山岭：连绵的山峰，如秦岭、南岭。

（5）山脊：山隆起突出顶端的连绵处。

（6）山鞍部：俗称隘口或山口，是山脊或山岭的低洼部，鞍部一般在山脊的中部，隘口或山口往往是山的低处。冷兵器时代多在此筑防御建筑，如雁门关、平型关等。

（7）山坳：山中的转折相对平坦地带，如珠穆朗玛峰北坡的北坳。

黎明时分的世界屋脊与冰河

月光如白昼、寂静而神秘的珠穆朗玛峰

平型关

第三节　各洲翘首的奇峰

一、亚洲珠穆朗玛峰

1. 世界最高峰——珠穆朗玛峰

世界第一高峰——珠穆朗玛峰,海拔 8 844.43m(据中国国家测绘局实测)

珠穆朗玛峰位于喜马拉雅山脉中段,走向是东西向南突出的弧形山的弧顶,海拔 8 844.43m,地理坐标为东经 27°59′、北纬 86°56′,位于中国与尼泊尔交界处。

2. 名称争论史话

珠穆朗玛峰,康熙五十六年(公元 1717 年)《皇舆全览图》上标为"珠穆朗玛山"。但在 19 世纪中叶印度测量局违反优先命名原则,以该局英国局长之名将该峰命名为"额菲尔士峰"(Mount Everest)。1952 年中国政府依据 1717 年史料正名为"珠穆朗玛峰"(Mount Qomolangma)。珠穆朗玛峰在藏语中意为第三女神。

3. 世界第三极

喜马拉雅山脉有平均海拔超过 6 000m 的高峰近万座，海拔 7 350m 以上的高峰 110 多座，8 000m 以上著名高峰 10 座，故称世界屋脊，也是世界上规模最大的山岳冰川，故称世界第三极，与南极和北极并列。

喜马拉雅山脉 8 000m 以上"高远景"

二、欧洲厄尔布鲁士峰

1. 双峰屹立

厄尔布鲁士峰位于俄罗斯西南部大高加索山脉的博科沃伊支脉，具双峰风采。西峰为主峰，海拔 5 642m，地理坐标东经 42°26′21″、北纬 43°21′18″，东峰为次峰，海拔 5 621m，两峰为死火山，山体由安山岩组成。

厄尔布鲁士峰南北坡雪线高度有显著不同，北坡雪线海拔 3 200m，南坡雪线海拔 3 500m。南北坡共发育了 77 条大小冰川，总面积可达 140km²，分布在如画的美丽山谷中，末端发育成众多的河流。

厄尔布鲁士峰

2. 横亘欧亚大陆的大高加索山脉

巍峨屹立的大高加索山脉,横亘在欧亚大陆交界处,东西走向长达 1 100km,山势雄伟,有马特洪峰等众多高峰,冰川与河流发育,山水交融,风光无限。诸高峰连绵于欧亚大陆交界,是欧亚大陆的天然屏障,更是多民族栖息地,素有"民族之山"美称。各民族用不同的语言文字颂美大高加索山,使其具有神秘特色。

大高加索山脉(欧亚大陆)

3. 高山传奇

1942年8月21日,德国高山部队神速占领厄尔布鲁士峰下的苏联"高山旅馆",控制占领了山下的巴库油田。苏军为夺回巴库,多次组织争夺"高山旅馆"的战斗,但因部队缺乏登山知识和设备,战斗均以失败告终。后由登山者组成一个团的登山部队,为他们配置高山设备和武器,快速有效地消灭了德军高山部队,夺回了"高山旅馆",重新掌控了巴库油田。

高山旅馆(苏联)

三、非洲乞力马扎罗山

1. 世界最大的独立山体——真正的山美人

乞力马扎罗山位于东非北部坦桑尼亚的东北部,北距著名的东非大裂谷约160km,临近赤道。主峰为乌呼鲁峰(原称基博峰,坦桑尼亚独立后改名),海拔5 895m,地理坐标东经37°05′、南纬0°,是非洲最高峰。相距10km的温济峰海拔5 149m。

2. 赤道雪与巨大冰窖奇观

乞力马扎罗山为一座由年轻的玄武岩死火山构成的独立大山体。乌呼鲁峰高耸于赤道附近,山顶的自然雪是奇观,在主峰顶有直径2 400m、深200m的火山口,口内四壁是晶莹无瑕的巨大冰覆层,底部耸立着巨大冰柱,奇妙无比,美不胜收。放眼山下大象们自由漫步,真是自然奇景。

乞力马扎罗山的双峰(坦桑尼亚)

乌呼鲁峰下自由漫步的大象

四、大洋洲查亚峰

1. 海岛翘首——美丽富有的查亚峰

查亚峰海拔 5 030 m,地理坐标西经 137°11′、南纬 4°5′。查亚峰既是新几内亚岛的最高峰,又是大洋洲最高峰,还是世界上最高的岛屿山峰。

2. 世界大型铜矿产出地之一

美国人兴办的自由港矿业公司在此开采铜矿,兴建了长 1 600 m 的矿山缆车。缆车穿云破雾,奇景相伴。山顶有冰川遗迹,景色秀丽。

查亚峰

矿山缆车车站

五、南极洲文森峰

文森峰

1. 南极洲群峰翘首——文森峰

文森峰位于西南极洲的艾尔斯渥兹山脉,海拔4 897m,地理坐标西经85°35′、南纬78°35′。该山为黑色火山岩组成的单斜山,温度极低,一般在-40℃以下,最低-89.6℃。夏季最低气温约-10℃,生物难以生存。其山势险峻,怪石嶙峋,奇峰突起,且大部分被冰雪覆盖。

2. 奇特的冷气流

冷空气从南极洲大陆高山、高原沿冰覆斜坡急剧下滑,形成地表高速冷风,风蚀冰面形成波

文森峰的冷气流

状起伏的沟槽。它是登山者徒步攀登的艰难险阻。当风速超过 15m/s 时，会形成暴风雪，可造成伸手不见五指的迷茫幻境，当风速达 100m/s 时，登山者将无法用自身力量抵抗，必须躲避，以求保存体力，而后方可奋勇前进。躲避靠的是智慧的判断，从而寻觅最佳的求生方案。

六、南美洲的翘首阿空加瓜峰

阿空加瓜峰

1. 争来的南美洲群峰翘首

在旧版世界地图上，南美最高峰为玻利维亚的汉克乌马蜂。1995 年李致新、王勇峰提出质疑，后经特别咨询玻利维亚驻中国大使，确定原测量有误，南美洲最高峰更正为阿根廷门多萨省西北端的阿空加瓜峰。

阿空加瓜峰海拔 6 962m，地理坐标西经 70°01′、南纬 32°39′，属安第斯山南端，是西半球最高峰，也是世界最高的死火山，有世界三大最难登的岩壁之首之名。该峰实行公园式管理，每年仅批准 30% 的登峰申请，约有 3 000 人无须带氧气攀登，其中 70% 的登山者可以登顶。

2. 奇特的暴风雪前兆——蘑菇云

1995 年 1 月 9 日李致新、王勇峰成功登上阿空加瓜峰峰顶时，目睹远处浓浓黑云迅速涌动翻滚，大有暴风雪欲来之势。他们两人急速下山，不到 1 小时，狂风怒吼，乌云向山顶压来，一场真的暴风雪即至，这次成功的登顶是他们抢来的。

次日一场特大的暴风雪来临。1 月 11 日积雪厚度达 1m，原来裸露的岩石和 3 条道路被大雪覆盖。

七、北美洲麦金利峰

1. 北美高峰之王冠

美丽的麦金利峰

麦金利峰位于美国阿拉斯加州东南部阿拉斯加山脉中段,海拔 6 194m。地理坐标西经 151°、北纬 63°02′。冬季最低温度低于 −50℃,夏季气温最高 −15℃,一般 −35℃,在此处登山犹如在北极探险。该峰是世界各洲最高峰中高差最大者,从大本营至山顶高差达 4 000m。

2. 变幻莫测的高山风和山下独有的自然美景

麦金利峰风速可达 60km/h,在严寒下冰川发育,冰岩、冰峰、冰壁、冰裂缝、冰深渊等恶劣的自然条件,成为登山者遇难多的最主要原因。最佳登山季节为每年 5—7 月,平均登山周期为 18 天。

山上具有典型的北极动植物群落特征。每年 5—7 月是麦金利峰山麓森林换新装的时候,绿色成带,林涛呼唤,百花盛开,人们回归原始捕鱼、打猎的自然生活,享受自然带给人们的美好感受。

麦金利峰丹娜利国家公园景色

第二章 山与生态环境

高程气候自然因,峻岭平川冷暖循。
大小高低多变化,青山绿水赛金银。

第一节 山对生态环境的影响

1. 喜马拉雅山脉南北生态大不同

由于喜马拉雅山脉和青藏高原群山不断地挡住了亚洲北部的寒流,形成了整个青藏高原的高寒荒原地带;喜马拉雅山脉挡住了南面来的暖流,造成南亚次大陆整体温湿、雨量充沛的大环境特征,突显了喜马拉雅山脉对环境的巨大影响作用。

2. 东西走向山脉对我国气候环境的影响

影响中国气候环境的东西走向山脉分别是长白山、阿尔泰山、天山、昆仑山、祁连山、阴山、燕山、秦岭、大别山、南岭,它们对气候的影响十分巨大。气候条件决定着地理转向和生态环境。以下简要介绍燕山和秦岭。

(1)燕山史话。燕山山脉为东西走向,其南北具有不同的气候。北方是温带草原沙漠气候特征,冬日漫长而寒冷,夏日短促,环境荒凉,沙漠广阔,造就了北方游牧民族,发展了游牧文化;南方是温带季风带,水土肥沃,沃野千里,是农耕文化的基础,形成了相对富足的农耕文明。

燕山现景

据历史记载,秦始皇修万里长城,历朝历代多有加固,明朝重修。冷兵器时代,南方农耕文明发达,自然生态环境优良,整体富足安康。南方先民们为抵御北方游牧民族先民们的强悍侵袭而依山势建造万里长城,演绎了历史长河中南、北方民族光辉的争斗史话。

(2)秦岭渊源。秦岭位于中国版图正中央,东西走向,北部的渭河是黄河的最大支流,南部的汉江是长江最大的支流。故秦岭是南方和北方的分界,是长江、黄河的分水岭,是北亚热带和暖温带的过渡地带,拥有世界上众多知名的野生动物群落,植物种类丰富多样又独具特色。八百里秦川水量充沛,风调雨顺,其独有的良好自然环境演绎了灿烂的中华文明史。受近代工业文明浪潮的冲击,地球的生态环境已经变得面目全非,但秦岭仍是全球生物多样性11个关键地区之一,这是保存完美的自然的奇迹。

奇山秦岭

第二节　山的生态和谐

一、垂直分带现象的典型

气候垂直分带现象多出现在高山地区，由底至顶，为热带—亚热带—温带—寒带，完整而奇妙。

1. 非洲的骄傲，自然的杰作

乞力马扎罗山，世界最大的独立大山，屹立于非洲赤道，拥有十分完美的气候垂直分带，故1987年被列入《世界遗产名录》。

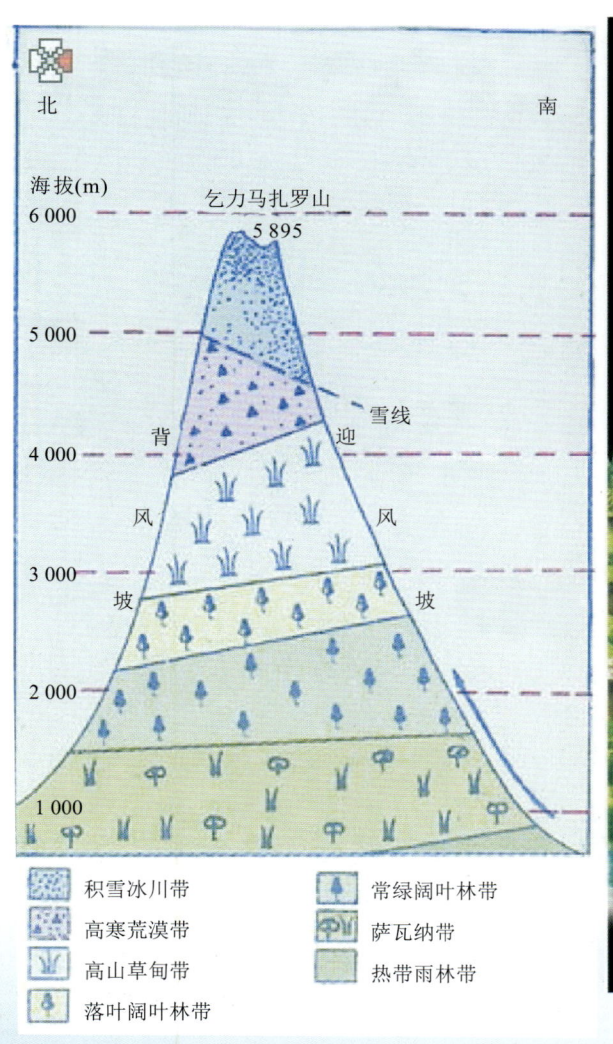

南迦巴瓦峰垂直自然景观（喜马拉雅山脉东段）

2. 南北两重天,喜马拉雅垂直分带

喜马拉雅山脉被称为世界第三极的核心地区,极具传奇特色。高山挡住印度洋的暖流,致使南坡雨量充沛,垂直分带完整,积雪丰富,雪线下降,远低于北坡;北坡仅有高寒荒漠带和雪线以上的终年积雪带,有世界最大的山岳冰川,雪线远高于南坡,是世界独特的高山奇迹。

3. 南迦巴瓦峰垂直自然景观

南迦巴瓦峰位于喜马拉雅山最东端与念青唐古拉山脉交会处,习惯被称为横断山脉处,其垂直自然景观完善。

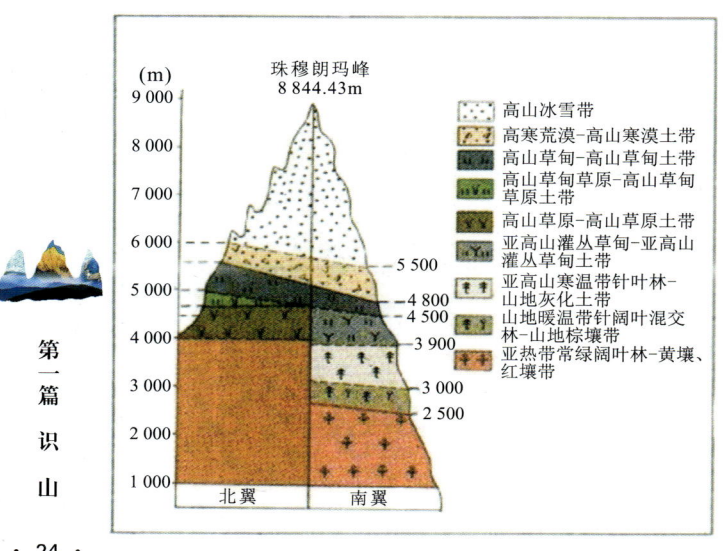

珠穆朗玛峰垂直自然带剖面

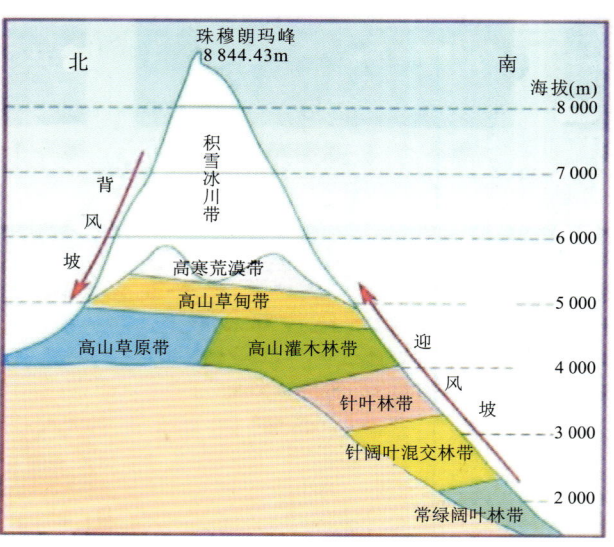

喜马拉雅的垂直带南北坡比较图

二、自然的恩赐与保护区

自然保护区的设立是人类对自然恩赐认识的深化,是对子孙后代可持续发展责任的担当。

1. 自然保护区

1988年中国西藏自治区人民政府批准建立珠穆朗玛峰自然保护区,1994年保护区晋升为国家级自然保护区,2018年2月范围作出调整。

珠穆朗玛峰自然保护区位于西藏自治区的定日县、聂拉木县、古隆县、定结县,总面积33 819km²。保护区内地势总体北高南低,地形复杂多样。

2. 历史悠久的美国丹娜利国家公园和自然保护区

1917年美国在北美最高峰麦金利峰山麓创建了丹娜利国家公园和自然保护区。该公园位于阿拉斯加州,是美国仅次于黄石国家公园的第二大国家公园。这里地处边陲,人烟稀少,气候寒冷,自然风景独特。

美国丹娜利国家公园的秀丽景色(陈刚摄于2013年)

美国丹娜利国家公园离北极圈仅400km,是世界极少见的自然生态平衡地区和著名的野生动物保护区,面积6 800km²,有35种以上的野生动物、130种以上的鸟类、650种以上的植物,每年6—7月成千上万的驯鹿结队朝一个方向迁移,十分壮观。爱斯基摩人的小屋和狗拉雪橇也是难得一见的风景。

美国丹娜利国家公园的自然景色

美国丹娜利地区驯鹿迁移

第三章 山与资源

石料资源远古材,生存取用造楼台。
无烟产业新全景,绿水青山向未来。

第一节 传统资源的风采

资源指生产资料或生活资料的天然来源,在人类发展的历史长河中是变化和发展的。传统资源也是随着人类的认识深化而不断变化的。例如人类对岩石的利用。

1. 最早利用的资源——石料、水与空气

石器时代人类最初利用的资源是石头,它们成为人类文明划分的依据。

旧石器时代

新石器时代

2. 古代石料的新发展

石料后来成为不同时代的建筑主材,特别是欧洲文明的代表——石质城堡,是一个文明时代的标志。

3. 现代石料的新用途

现代混凝土中大量使用的石料、沙料在大型工程中发挥了作用,这是传统石料的应用与发展。

欧洲古希腊城堡

意大利斗兽场

武汉天河机场

第二节 资源开发

1. 传统资源开发为新资源

旅游资源是旅游业可持续发展的物质基础和旅游生产力增长的潜力所在。旅游资源主要包括自然风景旅游资源和人文景观旅游资源。现在旅游业的发展态势良好,人类对旅游资源的认识不断深化,旅游业发展将迎来新机遇。

在过去,旅游是少数文人墨客的专利,他们留下了许多脍炙人口的诗文,影响深远。例如马可·波罗的《马可·波罗游记》,是一部影响深远的著作。世界各地的古迹、建筑奇迹是传统旅游资源的光辉代表,至今仍然有着巨大的影响(如中国的万里长城)。

长城接踵而至的游客

2. 思想观念的转变是旅游资源开拓的新基础

"上有天堂,下有苏杭",杭州西湖自古以来以其秀丽的湖光山色和众多的名胜古迹而闻名中外。改革开放后政府对西湖进行了大规模的优化改善,特别是引水入湖,大大改善了西湖的生态环境,集万千美景于一湖,供游人尽情品赏,引来世界各国游客,成为举世闻名的游览胜地,创造了极佳的社会效益及经济效益。

2016年G20峰会于杭州举行,杭州的人文风采及历史与现实完美结合的特色得到充分的展现,受到世界的高度关注,集中展示了中国江南水乡美轮美奂的特色。

杭州西湖

3. 旅游资源是世界无烟产业的不竭资源

良好的自然环境是不竭的旅游资源。

（1）风光无限的林芝地区。位于我国西藏自治区东南部的林芝地区的自然景观，集四季奇妙于一体，雪山纵横、山水相间，其独特的景观，让游人们仿佛置身于仙境。林芝地区具有极为广阔的发展前景，必将成为世界旅游热点之一。

（2）不可估量的怒江流域。云南怒江流域的自然景观经大面积科学规划、布局，以及独特的旅游模式开发，旅游前景不可限量，将成为世界旅游者最佳探索目的地之一。

西藏林芝地区美景

美丽的怒江

第四章　山与人文史观

人类文明五彩花，史前岩画刻摩崖。
山藏六教传佳话，墨客文人敬仰她。

第一节　文化与文明的简要解析

一、文化简析

文化是人类有意识地作用于自然界和社会的一切活动及其结果，是以语言、文字的交流记载为特色，是对自然事物规律性的认识过程，是以教化人为结果，故形成不同民族的文化主流。通常说一个人有文化，是指该人明事理，晓规矩。

文化包含物质文化和精神文化，常分为物态文化、制度文化、行为文化、心态文化等。文化是民族的精神支柱，是人民的精神家园。

文化是民族生存和发展的重要力量，不同民族和国家创造了不同却又相似的文化。文化还具有独特的继承性与发展性，还有教化人类、优化人类的功能性，值得重视和深入研究。

二、文明简析

文明是人类社会进步的综合表现和客观记录，是某一时空中人类创造的物质文化和精神文化的总和。某些标志性成就通常成为某种文明的象征。人类的文明是不断发展的，往往是在继承的基础上发展，在创新的基础上继承，并有显著的地域特征和民族特征。

万里长城

金字塔狮身人面像

第二节 山是人类文明的根基之一

一、漫长的发展

人类发展的历史与具有46亿年历史的地球相比是短暂的。在人类发展的长河中自然环境意义重大,其中山水相依是人类发展的主要环境依托。巨大山脉两侧的人文景观可能完全不同,说明山对人类文明发展影响巨大。

原始人使用的石质工具和陶具

二、史前岩画

史前人类的艺术思维奔放而粗犷。优美岩画,令人沉思遐想。

优美的岩画

三、山岳崇拜

　　山,雄伟、挺拔、险峻、壮丽,拥有让人敬仰与崇拜的巍峨气度。先民很早就形成了对山岳的崇拜,它是世界各民族共有的文化现象,占据着人们的心灵空间,在历史长河中抚慰着人们的灵魂,成为一种独特的山岳崇拜文化。我国藏族就是一个典型的代表。

　　在西藏,山神众多,大小山之奇峰、峻岭皆为神之居所。

西藏的山

第三节　山承载的文明与文化

　　山,它从悠远的地质历史中走来,历经沧海桑田,目睹了世界变迁、历史演变,见证了崭新的辉煌,促进了人类文明的发展,山是文化的根,是文明的基。

一、独特的地质环境

　　我国西部的山挺拔险峻、悬崖叠嶂,是风雪削磨的结果;我国东部的山秀美、青翠,有奇松怪柏相伴,婀娜多姿。

新疆慕士塔格峰（海拔 7 546m）

二、丰富的物种

丰富的物种是大自然的恩赐，既与自然环境相依，又塑造了唯美自然环境。如我国的武夷山已知物种达 5 110 种，国家重点保护动物 57 种，中国特有的野生动物 498 种。尤以两栖类、爬行动物和昆虫种类众多而闻名，被中外生物学家称为"研究两栖、爬行动物的钥匙""鸟类天堂""蛇的王国""昆虫世界"，是世界闻名的野生动物乐园。群峰连绵，北部黄冈山海拔 2 158m，为我国东南部最高峰号称"华东屋脊""武夷山支柱"，是地球上同一纬度上仅有的一片生物多样化绿洲。

唯美的武夷山

三、多样的宗教文化

宗教文化是人类社会发展进程中的特殊文化现象,是人类传统文化的重要组成部分。

中国庐山可称世界宗教文化之奇迹。誉称"一山藏六教,走遍天下找不到",佛道争辉逾千年。建于东晋的东林寺由慧远大师兴建,曾是全国佛教第二中心。正当佛教在庐山兴盛的时候,南朝知名道士陆修静来此开辟道场,庐山道教由此迅速发展,时称福地洞天。传说唐代知名道士吕洞宾在此修炼成仙,故其修道处更名为仙人洞。

宗教文化景观

儒家的白鹿洞书院始于唐代,洛阳人李渤在此兴办"白鹿国学",北宋初改名为"白鹿洞书院",后书院遭战火破坏。南宋理学家朱熹重建,并制定《白鹿洞书院教规》,享誉海内外,影响广泛。后该书院又多次毁于战火,一再重建,直至新中国成立后,白鹿洞书院才得到很好的保护和利用,始有今日之面貌。

19世纪以来,西方宗教也在此汇聚,基督教、天主教、东正教、伊斯兰教均在庐山生根发芽,带来了庐山中、外宗教汇聚的新景象。

仙人洞

白鹿洞书院

四、优秀的人文交融地

山岳与人文交流的历史由来已久,从远古的岩壁作画,到文人墨客游历山岳时留下的千古佳文、诗书画作,无不是历史的见证。

泰山史称"五岳之首""天下第一山"。历代君王登泰山封禅祭祀,文人雅士更对泰山仰慕备至,纷纷前来游历,在泰山留下了2 200多处石刻,泰山是世界自然与文化遗产、世界地质公园、国家AAAAA级旅游景区。

五岳独尊（泰山）

望　岳

杜甫

岱宗夫如何？
齐鲁青未了。
造化钟神秀，
阴阳割昏晓。
荡胸生曾云，
决眦入归鸟。
会当凌绝顶，
一览众山小。

　　黄山，"五岳归来不看山，黄山归来不看岳"，概述了黄山风景之奇绝。奇松、云海、怪石、温泉、冬雪五大自然奇景，称黄山五绝；丰富的遗存、书画、文学、传说、名人成为五胜。故此，黄山获"世界文化遗产""世界自然遗产"和"世界地质公园"等誉称。

奇松

云海

怪石

冬雪

温泉

黄山五绝

五、潜力无限的旅游胜地

山的自然景观各有特色、各具风韵,既有独特性,又具普遍性;既有多样性生物的风采,又有自然风景的雄奇,故它既是自然的瑰丽杰作,又是历史的见证。

择例简介:

(1)欧洲马特洪峰:位于意大利与瑞士边境,为彭尼内山的高峰,海拔4 478m,四面峥嵘峭壁,角峰冲天,号称山中之王,是阿尔卑斯山最美丽的山峰,北坡山坳中小山村采尔马特是著名旅游胜地,成为瑞士的骄傲。

欧洲马特洪峰

(2)美国落基山国家公园:绵延的山峰,清澈的高山湖泊,多变的气候,完好的生态系统,湿地—针叶林—山地森林—冻土带,不同的高度有不同的动植物。高峰朗斯山,海拔4 344.7m,是世界最美的山岳公园之一。

(3)日本中部国立山岳公园:在日本本洲中部,有10多座3 000m以上的山峰,高山险峻,瀑布成群,山水秀丽,为日本山岳旅游胜地,称为日本的阿尔卑斯山。

(4)中国的红色旅游景区井冈山:中国的红色革命,经历了农村包围城市的艰苦卓绝的过程,在大山深处留下了大量红色革命根据地旧址,成为今日红色旅游景区。把革命传统教育和旅游结合起来是中国旅游的一大特色,它向游客展示山区革命摇篮的自然环境秀雅怡人的本色。

革命领袖毛泽东诗词《西江月·井冈山》是一首抒写井冈山革命斗争的光辉史诗。

美国落基山国家公园

第四章 山的人文史观

识 山 赋

山之精髓兮自然屹立,山之风采兮韵味悠长;
山之险峻兮高突云坛,山之传奇兮成群莽苍;
珠穆朗玛兮世界翘首,山之翘首兮各霸一方;
厄尔布鲁士峰兮英姿,乞力马扎罗兮大奇观;
查亚山峰兮美丽贵妇,文森山峰兮冰晶雪珊;
阿空加瓜兮南美巨人,麦金利峰兮雪峰报寒。

山之生态兮特色生物,宏观生态兮影响山峦;
微观生态兮可以调节,奇妙生态兮垂直明宽;
生态和谐兮重在保护,山之资源兮慎用求安。
传统资源兮长期使用,资源有限兮取用有涯;
资源发展兮思维先行,资源创新兮开发山崖;
资源分解兮综合多用,环境资源兮保护要佳。

山的人文兮文化文明,山能育人兮走向四方,
山之崇拜兮传统流芳,山之文化兮源远流长,
山之文明兮久传辉煌,山之寻识兮代代传扬,
山的奇迹兮天人并造,山之风采兮无限风光。

第二篇

登山

第五章　现代登山史话

初功勃朗峰，故居影无踪。

秦岭锋芒露，红旗贡嘎升。

第一节　现代登山运动史诗

一、欧洲登山史话

1. 26年无人问津的告示

据史料记载，瑞士青年科学家德·索修尔为探索高山植物资源，希望有人帮助他攀登当时无法到达的阿尔卑斯山顶峰——勃朗峰（海拔4 810m）。

他于1760年在阿尔卑斯山脚下的莎慕尼贴出一则告示：凡提供勃朗峰攀登路线者给予重金奖赏。谁料此告示竟26年无人问津。

直至26年后的1786年，沙慕尼村的医生帕卡尔揭下告示，和水晶匠人巴尔玛（作为向导）一起首次登上欧洲处女高峰——勃朗峰，故1786年成为现代登山运动的诞生元年。

2. 因为山在那里

英国著名登山探险家乔治·马洛里，1922年首次从珠穆朗玛峰北坡登顶未成功。1924年再度与队友安德鲁·欧文从北坡登顶珠峰，最终一去不返，成为登山史上著名的"马欧之谜"。马洛里的名言：因为山在那里！影响了无数敢于探索、勇于进取的人。这是一种科学探索精神的象征！是勇敢无畏、坚韧不拔精神的象征！是不为名、不为利的献身精神的象征！

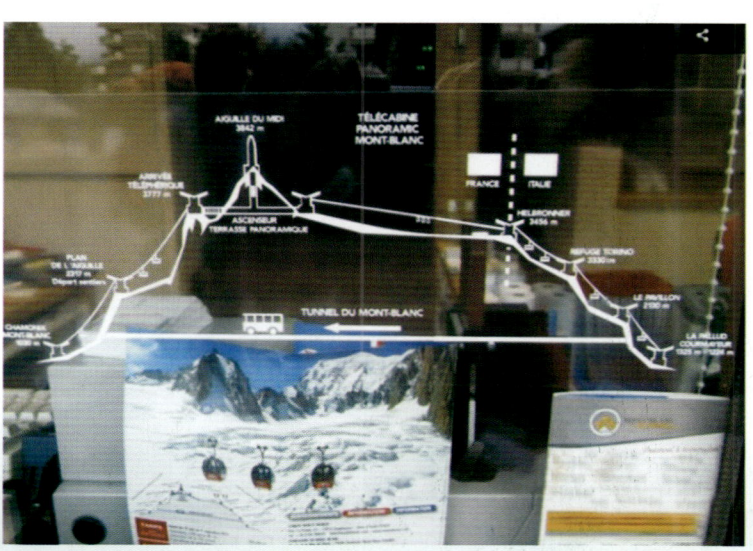

勃朗峰缆车路线图

3. 今日的勃朗峰

今日的勃朗峰拥有先进的登山设施和完备的接待服务，已成为登山者的旅游乐园。

二、新中国登山史话

1. 新中国最早的登山留学生

1955年应苏联邀请，新中国第一批登山者——许竞、师秀、杨德源、周正前往苏联学习登山技术。

2. 中国第一支登山队秦岭主峰露锋芒

1956年，在北京举行了中国第一届登山训练班，培养出中国早期的第一批登山运动员，组建中国第一支登山队——中华全国总工会登山队。同年4月25日，登山队队长史占春等32人登上海拔3 767m的秦岭主峰太白山，初显中国登山队英雄本色，展示未来美好前景。

登山"四先驱"：周正、杨德源、许竞、师秀（从左至右）

1956年4月25日11时25分，中华全国总工会登山队成功登顶太白山

3."冰山之父"的友谊

1956年7月,中国与苏联组建联合登山队,登上被誉为"冰山之父"的慕士塔格山。8月又登上公格尔九别峰。

1956年7月中苏联合登山队登上慕士塔格山　　　　冲向海拔6 190m山峰

4."蜀山之王"的丰碑

1957年6月13日,中国登山队登上了号称"蜀山之王"的贡嘎山(海拔7 556m)。此次登顶标志着中国登山进入历史新阶段,彰显中国登山运动进入世界先进行列。但在下撤时师秀、彭仲穆、国德存三位优秀的青年登山家不幸坠落,付出了年轻的生命。

1957年6月13日,史占春等6人登顶贡嘎山(7 556m)　　　　悼念当年的队友

第二节　受元帅表扬的女英雄

一、袁扬精神

1. 献身精神

贺龙元帅当时任国务院副总理并担任国家体育运动委员会（以下简称国家体委）主任，多次表扬年轻的登山女英雄袁扬放弃留苏深造的机会，毅然投身于中国登山事业，为登山献身的精神。

2. 优良作风

袁扬勤俭朴素的形象、刻苦认真的学习态度、团结同志的协作精神，为大家树立了榜样。

3. 奋斗精神

袁扬具有坚韧不拔、艰苦奋斗的实干精神。

4. 继承传统

袁扬继承了父辈（父亲袁复礼教授是著名地质学家、地质教育家）严谨治学、实事求是、求真务实的地质精神。

登山队友情

二、睿智老人

2014年9月笔者有幸采访了年逾八旬的袁扬。她身体健康、思维敏捷，谈起往事如数家珍。

袁扬在谈及冰海美景时也感慨攀登雪山危机四伏，随处都有看不见的深渊，稍有不慎就会失去生命。故此，提高安全意识，树立安全观念，做好安全保障是登山的第一要务。

顶着风雪前进　　　　　　　　　　登十月峰（海拔6 780m）途中

袁扬说："登山靠的是智慧，靠的是团结，靠的是坚毅，靠的是勇敢，靠的是顽强，靠的是体力，只要精神和身体合二为一就能爆发出巨大的能量。"

耄耋之年的袁扬　　　　　　　　　　向顶峰冲击

第六章 北坡首登珠峰顶

北坡登顶拔头筹，搭建人梯脚趾丢。
节省氧气助队友，英雄壮举史长留。

第一节 北坡登顶风云变幻

一、登顶风波

1958年，全苏体委正式向中国国家体委发出一份有12位苏联著名登山运动员签名的建议书，建议中苏两国联合组队攀登世界最高峰珠穆朗玛峰。1958年，中苏两国就攀登珠穆朗玛峰一事在北京达成协议。

当中方正在紧锣密鼓、有序进行准备时，苏联却退出了联合组队从北坡登顶珠穆朗玛峰的计划。

二、历史决策

中国作出抉择：要坚定不移地由中国登山队独立从北坡登顶珠峰。这彰显出中国高层领导人对从北坡登顶珠峰的坚定决心，更是高屋建瓴的卓见。

三、解决拦路虎

拥有先进的登山设备是从北坡登顶珠峰的必备条件。原计划中苏联合登山队的全部登山设备都是由苏联提供，但因苏联中途退出，全部登山设备都需要从国外购买。这笔巨额经费在当时对中国登山队来说是一只"拦路虎"。

大本营举行升旗仪式

此事惊动了中国最高层领导，最终由时任国家主席刘少奇同志特批经费才解决了"拦路虎"，体现了中国高层领导人对从珠峰北坡登顶的高度关注与支持。

第二节　北坡登顶

一、阵容强大

为保证此次登珠峰成功,从政府、国家体育运动委员会到登山队的每一个运动员及工作人员,都付出了艰苦的努力。从1958年起,登山队派遣各类人员分批入藏为北坡登顶做好准备,如运输物资,修建机场、公路、气象站等。1960年12月,在国家体育运动委员会及中国登山协会的组织下,中国珠穆朗玛峰登山队正式组成,全队共有200多人,队员来自各行各业。

中国登山队在珠峰大本营建立气象站

二、战略部署

此次登顶以大本营为主基地,经过周密计划,有效分工,依山势逐级向上建立登山营地,从低海拔营地向高海拔营地,越向上平地空间越小,营地物资储备难度越大,但基本的物资供应与人员休息必须保证,以确保登顶成功。

7号突击营地(8 500m):储备突击物资,准备突击

★ 8 720m:第二台阶突击

6号营地(8 100m):休整站、物资储备转运站

5号营地(7 600m):休整站、物资储备转运站

4号营地(7 007m):休整站、物资储备转运站

3号营地(6 400m):休整站、物资储备转运站

2号营地(5 900m):休整站、物资储备转运站

1号营地(5 400m):休整站、物资储备转运站

大本营(5 120m):组织指挥中心、决策中心、物资储备中心、气象中心、科考中心、信息中心等

1960年珠峰登山营地部署战略图

三、高山行军

根据国内外高峰探险经验,此次登山队在正式突击顶峰前要先进行三次适应性行军。

第一次行军,从大本营出发,到达海拔6 400m,然后返回大本营休整。

第二次行军,从大本营出发,到达海拔7 600m,同时打通攀登珠峰的第一道难关——北坳,然后返回大本营。

第三次行军,从大本营出发,到达海拔8300m,侦察突击顶峰的路线,并建立最后一个营地——突击营,如条件成熟可争取登顶。

四、损失惨重

由于气候恶劣,在几次艰苦卓绝的攀登冲击后,许多队员遭遇了不同程度的冻伤,且大部分是登顶希望最大的主力队员和骨干运输队员。队员汪玑、邵子庆不幸牺牲。冻伤较严重的队员被送往日喀则治疗。登山队全队大量减员,仅剩下19名健康队员。

中国登山队队员艰难攀登中

中国登山队队员突破大风口

五、奋力冲顶

1960年5月17日，在大本营举行了隆重的誓师大会之后，4名突击队员抱着必胜的信念，开始了突击顶峰的决战！

5月23日许竞、王富洲、贡布和刘连满4名突击队员到达海拔8 500m的突击营地，屈银华随后率运输队员赶到。海拔8 500m以上，大气中的氧气不及地表的1/3，登山队员们虽然都是20岁出头的年轻人，但每前进一步的体力消耗量都是巨大的，厚雪、冰壁对队员们来说更是大难题。4位登山队员不约而同地想到周总理的期待、贺龙

队员在海拔8 500m以上攀登

元帅的嘱咐，坚定地向顶峰前进。5月24日突击组长许竞率王富洲、贡布、刘连满3人向顶峰冲击。不料许竞因体力严重透支突然晕倒，被迫返回营地。

六、创造奇迹

当时，大本营果断作出决定：由王富洲、屈银华、贡布、刘连满4人组成突击组，由王富洲任突击组组长。他们4人向大本营表决心，一定不辜负周总理的期待，竭尽全力登顶珠峰。

北坡登顶的最后一道难关出现在海拔8 680~8 700m处，这里有一段近乎直立的5m左右的峭壁，被称为"第二台阶"。

王富洲、屈银华、贡布、刘连满用尽各种方法尝试了3个多小时，耗费了九牛二虎之力也无法攀登上去。在4人都极度疲倦之时，消防员出身的刘连满提出"架人梯"的办法。这真是一个绝妙的想法！屈银华考虑刘连满身体无法承受冰爪的钉扎，毅然脱掉4kg重的高山靴和冰爪，只穿羽绒袜向上攀登，为此他付出了足趾、足底严重冻伤，终身跛行的代价。这种友爱精神尽显登山人的本色。

在王富洲、贡布的左右扶持下，屈银华登上刘连满搭设的人梯，第一个登上"第二台阶"的顶部。下面3人齐声急问："上面如何？"屈银华答："很好！能攀登！"

随后屈银华将结组绳放下，其余三人拽着绳子，相互支撑全都登了上去。至此，他们已耗费了5个多小时，但取得了重大突破。

此时，气象专家告知：登顶的最佳时间已所剩不多，抓紧时间是唯一正确的选择。就在此刻，一直担任开路任务的刘连满因体力透支太大，几乎每走一步都会跌倒。此刻，大家脑海中想到的是周总理的登顶命令，坚决执行总理命令！抓紧时间登顶！

4位队员开会决定：为不影响登顶，将刘连满安置在一个既避风，又不会发生坠崖危险的一块大岩石旁，并把仅有的几颗水果糖、一个睡袋和半瓶氧气留下，大家再三叮嘱刘连满好好休息，但

一定不能睡着,等他们回来。为了登顶成功,刘连满同意执行大家的决定。他为了给登顶回来的队员储备氧气,始终没有打开氧气瓶,静静地等待队友们的胜利归来。

七、登顶成功

虽然王富洲、屈银华、贡布的体力已消耗殆尽,但气象专家的提醒和周总理的命令督促他们"克服万难,奋勇前进!"终于在1960年5月25日凌晨4时20分,3名队员从北坡登顶珠穆朗玛峰成功!因体力极度消耗,他们3人只能坐着共同庆贺登顶成功!并在国旗上写下自己的名字,将国旗和毛主席像一起妥善保存在珠峰顶上。

1960年珠峰登顶三英雄(从左至右:屈银华、贡布、王富洲)

王富洲、屈银华、贡布下撤时见到刘连满,他留着氧气等大家回返,为4人胜利地返回大本营作出了自己的奉献。

王富洲、屈银华、贡布胜利从北坡艰难攀登珠穆朗玛峰登顶成功的消息,让大本营沸腾了,队员们回到大本营时受到了热烈的欢迎。

与此同时,比中国登山队晚一天出发,欲从南坡登顶珠峰的印度登山队,攀登至海拔8 000 m时,因天气变化,受风雪阻止而未能登顶。

八、历史的突破

在艰苦岁月,中国登山队首次从北坡登顶珠峰,书写了世界登山史的新诗篇,极大地振奋了民族精神,标志着中国登山事业进入历史新阶段,为推动中国登山事业的发展奠定了坚实基础,为世界登山事业的发展贡献了一份力量。

珠峰登顶英雄回到大本营受到热烈欢迎

第三节 最后的采访

一、艰难的采访

王富洲同志因身体原因，出医院后基本不再接受任何采访，因杨巍然教授、笔者（李舜贤）与李致新有师生情谊，所以在李致新的安排下，我们于2014年9月19日下午与王富洲会面。

王富洲同志在1986—1992年任中国国际体育旅行社总经理，并取得良好业绩。1993年服从国家安排调任国家体育总局登山运动管理中心任主任一职，全心谋划中国登山事业的发展作出了很多开拓性的贡献。

采访在大东寺附近的一座四合院中进行，因杨巍然、王富洲与笔者（李舜贤）是校友（三人均毕业地北京地质学院，杨巍然毕业于1957年，王富洲毕业于1958年，李舜贤毕业于1960年），年龄又相仿，所以采访的气氛格外融洽。

王富洲在具有佛家特色的四合院养病

杨巍然、王富洲与李舜贤合影(从左至右)(摄于 2014 年 9 月)

二、往事趣闻

王富洲由于身体欠佳,语速较慢,但思维清晰,表达准确。

1. 1960 年登珠峰

(1)可怕的冻伤与难忘的战友。从 1960 年 4 月 11 日起,几次突击冲顶,数位队员献出生命,由于天气恶劣,200 多人的登山队伍大部分队员不同程度冻伤,这是何等的代价啊!

登山队员在宣誓

屈银华绑好冰爪准备攀登北坳

登顶珠峰后三人极度兴奋,深感圆满地完成了周总理和贺龙元帅交给的光荣使命,向祖国和人民交了一份满意的答卷!同时更感山的伟大!

最让人悲痛的是来自北京大学的年轻队员邵子庆因严重高山反应牺牲。平时他一声不吭,做事认真,正如宣誓时所言,要不怕困难,奉献一切。在海拔 7 400m 的寒风中,队员们停下来休息,我叫他,他却没有反应,我赶紧找队医过来,吴医生说瞳孔放大,没有气了!在严寒的条件下我们无法哭,只能含着眼泪把他埋在冰窟里,继续前进。

(2)兄弟情深。在登顶最后天险"第二台阶"时我们尝试攀登了 3 个多小时,都未能成功。在十分疲劳的情况下,我们想起了周总理的命令!贺龙元帅的嘱托！大本营的期待！刘连满想出"搭人梯"的法子,我们齐心协力克服天险。屈银华考虑刘连满的身体无法承受冰爪的钉扎而毅然脱掉4kg重的冰鞋,穿着羽绒袜攀登(为此冻伤双脚,终身残疾),大家合力推他登上去！刘连满在最后冲顶时,因体力不支无法继续攀登,为顾全大局,同意在大岩石后休息等待大家登顶,并把氧气省下来,为四人胜利返回大本营作出了自己的贡献。

2. 受元帅表扬的袁扬

在谈到袁扬时,王富洲清晰地记得贺龙元帅什么时间为什么表扬袁扬。袁扬顽强拼搏,不怕苦不怕累的奋斗精神;团结友爱、关心战友的协作精神;尊重科学,遵循科学规律的科学精神;勇担重任、自我完善的工作精神等值得大家学习。1960年登顶珠峰后,袁扬担任北京登山营营长,这是袁扬有营长之称的来历。

登达列宁峰海拔6 800m的中国女子登山队员
(左起:姜英、袁扬、周玉瑛)

3. 只字未提自己

在采访中,王富洲还讲述了老领导史占春、许竞等的趣事,以及队员们每一次执行经过精心策划、严密组织的攀登行动时,必须心有全局,才能克服万难,获得成功,彰显了在特殊环境下登山队员的勇气和科学探索的精神。

2015年7月24日王富洲遗体告别仪式在京举行。"敢笑珠峰舍我其谁英雄气概""当昭皓月流芳千古赤子情怀"的挽联,是对王富洲登山精神的最好诠释。

我们最后的采访已成为历史。当时我们想问他:什么是登山精神？而他却用登山队战友的事迹作了完美诠释。这是一代人可贵的精神财富,理当弘扬。

回首往事,笔者正是受富洲学兄登山精神的鼓舞而笔耕不辍。

纪念中国登山队首次登顶珠峰50周年座谈会

第七章　20世纪70年代后期的登山与科考

沉寂十年始复苏，珠峰遥测心电图。
登山科考结硕果，登顶北坡女先途。

第一节　沉寂与复苏

一、空前的沉寂

在20世纪60年代中期，史无前例的"文化大革命"全面爆发，使党、国家和人民遭到了新中国成立以来最严重的损失，体育事业同样遭到极其严重的破坏。登山科考人员被迫离开单位，就地或到外地接受再教育，中国登山事业停滞不前。

二、艰难复苏

随着世界形势逐渐好转，1975年，在首次登顶珠峰15年后，中国登山队才重整旗鼓，踏上再登珠峰的征途。中国的登山科考事业由此复苏。

第二节　登山科考者的情怀

一、抓住机遇不后悔

1. 难得的机遇

1972年10月当中国登山队开始恢复运作时，郭兴等获悉此情况，立即向素有远见的北京地质学院老院长高元贵作了汇报。郭铁鹰、郭兴等把中国登山队恢复运作的消息和希望重建北京地质学院登山科考队的想法告诉了高院长。高院长当即表示同意，经与马杏垣、杨遵仪、池际尚（女）三位老教授商定，任命郭铁鹰为队长、郭兴为副队长，队员有纪克诚、何晦之、梁定益、池三川、聂泽同、韦念龙、柯国均（随队医生）、尚子平、莫宣学等。

梁定益、聂泽同、高元贵、郭铁鹰（从左至右）（杨光荣摄）

2. 共识与行动

1972年中国登山队队长史占春和王富洲等与北京地质学院登山科考队联系，希望共同攀登珠穆朗玛峰，并希望北京地质学院在人员方面予以支持，此事得到高元贵院长的支持并指示科考队："抓住机会不后悔！"

1974年北京地质学院登山科考队奔赴西藏开展科考研究。郭铁鹰被参加登山科考的各单位推选为队长，郭兴为副队长。

风华正茂的郭铁鹰

科考队部分人员野外考察（左三郭铁鹰、左五郭兴）

（新华社官天一摄）

二、奋进的激情

北京地质学院登山科考队满怀激情奔赴西藏并写下抒情诗篇。

高原之巅

　　高原蓝天底　　风雪三千里
　　站在高原巅　　冰雪锁寒衣
　　此时我最高　　众山尽脚底
　　敢问同窗友　　谁能与我比

——梁定益　作于 1974 年

梁定益、郭铁鹰与莫宣学在
喜马拉雅山脊上科考
（聂泽同摄于 1974 年）

三、综合科考的世界性硕果

1. 领先世界的成果

中国登山队队员在世界第一高峰首次设置了 3.5m 高的觇标，经精确测量，测定珠穆朗玛峰最高海拔高程为 8 848.13m。

队员们还在珠峰之巅遥测潘多（女）的心电图，也是世界独一无二的科研成果。

珠峰顶架设测量觇标

遥测潘多（女）心电图

2. 北京地质学院的丰硕成果

北京地质学院登山科考队在郭铁鹰队长的带领下，在核心队员梁定益、莫宣学、赵温霞等的长期坚持下，取得了丰硕的成果。其成果获得 6 位中国科学院院士的一致好评，获得国家科学技术进步奖。

郭铁鹰队长在20世纪80年代初参加了马杏垣院士主持的《亚洲动力构造图》的编撰工作，首次在该图上标出了西藏绒布寺正断层，受到马杏垣院士的高度重视。

与会专家及教师合影

（前排左起：肖序常院士、马杏垣院士、郝诒纯院士、杨遵仪院士、刘增乾、王鸿祯院士、池际尚院士）

3. 十年巨变的冰川

1974年，由中国科学院牵头，北京地质学院组建的科考队对珠穆朗玛峰北坡地区的地质、地貌、冰川等进行了全面科考。郭铁鹰队长和梁定益、池三川、聂泽同、莫宣学、赵温霞等，对珠穆朗玛峰奇景秀丽、雄伟多姿的形态进行了系统命名。从冰洞冰帘看珠穆朗玛峰堪称一绝。

10年后的1984年当郭铁鹰队长等旧地重游时，昔日的奇景已荡然无存，这引起了科考队员对环境变迁的忧虑，也证明地球变暖是不争的事实。

4. 奉献的代价

北京地质学院登山科考队，在郭铁鹰队长的率领下，二十多年来坚守在西藏进行地质调查和科学研究。他们为此付出了宝贵的青春，其中不少科考队员因长期的高山缺氧、紫外线照射、严寒低温、温差大等原因对身体造成永久性损害，有的队员英年早逝，多数队员眼疾、耳疾严重，有的队员无法独立自由行走，不少曾经结实如牛的队员现已

冰洞冰帘望女神　冰壁岩崖"黄带层"

（新华社官天一摄于1974年）

步履蹒跚。郭铁鹰队长原来身体最好,但现在需依拐而行。北京地质学院登山科考队对科学的奉献精神值得赞颂及弘扬。

冰林中各种自然冰塑形态(梁定益摄于1974年)

第三节　登山新纪录

一、万难中的完美

1.通力合作

1974年,中国登山队队长史占春、王富洲等再次联系北京地质学院登山科考队,希望多家单位大联合,再次攀登珠穆朗玛峰。由国家体委牵头,由中国科学院、中国人民解放军总参谋部、北京地质学院等单位联合进行大型登山科考活动。经多方商定,一致同意立即实施。

当时,由郭兴、汪铁铭负责登山队的行政及后勤工作,尚子平任教练。

登山队于1974年奔赴西藏,在西藏留下了大量珍贵的、具有历史意义的照片。

2.准备就绪

1975年3月在正式准备登山前,物资已按时运进大本营,大本营已进行了全面整理,营房的增补与抢修工作都已完成。

冰塔林（郭兴摄于 1974 年）

实地探索（郭兴摄于 1974 年）

运输物资途中

全体队员在大本营宣誓

二、攀登中的精彩

1. 空前庞大的登山队伍

1975 年，史占春任中国登山队队长。此次登山队伍规模更大（共 434 人），其中登山运动员 179 人，科考、气象、新闻、医务、后勤等 255 人。

史占春队长按照以前的路线图布置方法，层层设营，充分估计困难，采取逐营突破的方针，并特别重视对难度极大的险要地段的攻关。

2. 架设"中国梯"

此次攀登过程中,珠穆朗玛峰的最后一道难关"第二台阶"处架设金属梯("中国梯"),确保中国登山队能成功登顶珠穆朗玛峰,并为其他登山者提供便利。

三、举世闻名的登山奇迹

1975年5月27日潘多(女)、索南罗布、罗则、桑珠、侯生福、贡嘎巴桑、大平措、次仁多吉、阿布钦共9名队员集体从北坡登上了珠穆朗玛峰。潘多成为世界上第一位从北坡登顶珠穆朗玛峰的女性。

登山队队员架梯翻越"第二台阶"

登顶九英雄——创历史新纪录

第四节　难忘的插曲

一、勇于奉献的尚子平

1. 准备登顶

1975年中国登山队攀登珠穆朗玛峰时，这位大学教师出身的教练兼登山队员，带领高山运输队员把突击顶峰的物资运至海拔 8 200m 的营地。

从5号向6号高山营地运输物资

6号高山营地

2. 坚决执行命令

正当尚子平准备登顶珠峰时，接到来自大本营的命令，有2名支援运输的藏族民工，在高山上失踪两天刚被找到，现身体极度虚弱，请尚子平带领7名新队员，护送他们返回6 500m 营地。

尚子平以共产党员服从命令、严守纪律的大无畏精神，带领7名新队员克服重重困难，把2名藏族民工安全护送到安全条件较好的海拔6 500m 的营地。7名新队员得到了良好的锻炼，但尚子平却失去了登顶珠穆朗玛峰的良机。这是一种奉献精神，也是伟大的登山精神。

难上难下的北坳

安全条件较好的 3 号高山营地

二、纳木那尼精神

1. 第一个中日联合登山队

1985年中日双方商定组成中日友好纳木那尼峰联合登山队。由中方著名登山家史占春担任总队长,日方著名登山家斋藤生担任副总队长,中日联合登山队于1985年5月攀登位于喜马拉雅山西段的纳木那已峰。

纳木那尼峰

2. 两个突击队登顶

1985年5月26日11时45分至12时04分,第一突击队有8名队员突击登上了纳木那尼山顶峰。

第一突击队冲顶

第一突击队成功登顶纳木那尼峰

1985年5月28日天刚亮,第二突击队向顶峰进发,当日该峰雪线以上刮起8级大风,可以想象登顶之艰难。中方队员陈建军、包德卿等5名中方队员登顶成功。

3. 突发事件

登顶过程中,第二突击队日方队员角谷弘司突感浑身发冷、胸闷、喘不过气,随后陷入昏迷,初步判断是高山疾病,有生命危险。史占春队长命令第三突击队尚子平等放弃登顶,护送角谷弘司下撤。

10年前的经历,竟然再次上演。1975年攀登珠穆朗玛峰,准备登顶时,为护送藏族民工下撤,尚子平坚决执行组织命令,放弃登顶。10年后为了营救日方队员,为了中日两国的友谊,他顾全大局,再度坚决执行组织命令。

1985年纳木那尼登山活动(左一尚子平)

尚子平和队员们护送角谷弘司下撤

4. 纳木那尼精神

当尚子平和李致新、刘存生护送队员们安全地将角谷弘司护送回大本营后，受到英雄般的欢迎。史占春队长在大会上表示，我们的登山成果已载入史册，我们不但登上了自然界的高峰，也登上一座中日友谊的高峰！

1985年6月，时任中共中央总书记的胡耀邦同志在人民大会堂接见了中日联合登山队并赞扬了纳木那尼精神！同年，时任日本首相的中曾根康弘在东京接见了中日纳木那尼联合登山队，同样赞扬并肯定了纳木那尼精神！

纳木那尼精神成为中日友谊的象征，对推动中日友好事业的发展发挥了重要作用。

三、改革开放的浪潮

1980年，在改革开放大潮的推动下，我国正式对外开放包括珠穆朗玛峰、希夏邦马峰、贡嘎山、慕士塔格峰等在内的8座山峰，接待外国自费来华的登山队和登山旅游者。这一举措不仅为国家增加了经济收入、增进了世界对中国的了解，而且从技术、装备、理念、人才培养等方面促进了中国登山事业的发展。

公格尔山（海拔7 649m　新疆）

公格尔九别峰（海拔7 530m　新疆）

珠穆朗玛峰（海拔8 844.43m　西藏）

希夏邦马峰（海拔8 012m　西藏）

慕士塔格山（海拔7 546m 新疆）

博格达峰（海拔5 445m 新疆）

阿尼玛卿峰（海拔6 282m 青海）

贡嘎山（海拔7 556m 四川）

第八章 "双子星"与中国风

"三同"战友世间稀,登顶七洲天下奇。
四海扬名哥俩星,攻坚路上总相依。

第一节 历史渊源

一、相继入校、同系

王勇峰是内蒙古自治区乌兰察布市人,1980年考入武汉地质学院,水文地质与工程地质系水文地质专业。

李致新是辽宁省大连市人,1981年考入武汉地质学院,水文地质与工程地质系水文地质专业。

"双子星"李致新、王勇峰

二、同时入选中日友好纳木那尼峰联合登山队

1983年时任中共中央总书记的胡耀邦访问日本,收到日本京都大学、同志社大学登山爱好者请求中日大学生联合攀登纳木那尼峰的建议信。胡耀邦当即表示同意。国家体委会经过综合考虑,决定由武汉地质学院选派几名学生参加此次登山活动。武汉地质学院原定从地质系学生中选定,后经李致新、王勇峰多方争取,最终武汉地质学院选定地质系包德卿,水文地质与工程地质系王勇峰、李致新3位同学参加此次攀登活动。

美丽的纳木那尼峰成就了包德卿、李致新和王勇峰的登山梦想。登顶成功后,纳木那尼精神成为他们登山事业的真正起点。

三、同时进入中国国家登山队

李致新和王勇峰由于在攀登纳木那尼峰时表现良好,加之是新一代大学生,中国国家登山队同意接纳他们,学校同意派遣他们。可他们虽有正式派遣证,但由于没有国家正式分配指标,无法正式纳入中国国家登山队编制,只能成为国家登山队的临时工。虽然心中不免失落,但他们都对国家登山队有深厚的感情,对未来充满无限期待。

美丽的纳木那尼峰

第二节　不一样的登顶

一、都是幸运儿

1988年,李致新、王勇峰双双入选中国、日本、尼泊尔(以下简称中日尼)三国横跨世界第一高峰联合登山队的中方队员。李致新被分在北坡队员行列中,王勇峰被分在南坡队员行列中,南侧大本营设在尼泊尔境内。南坡登山路线较短,仅设5个高山营地。北侧大本营设在中国境内,路线较长,设置7个高山营地。

1988年5月中日尼三国部分登山队员在珠穆朗玛峰大本营合影

二、登顶与横跨

1. 北坡登顶与横跨

1988年5月5日5时30分,在海拔8 680m突击营,李致新向大本营报告:山上有8级大风,有迷雾。8时45分风力稍减,北坡中日尼第一突击组突击登顶。12时44分中方队员次仁多吉报告:"我登上了顶峰!"随后日本队员山田升、尼泊尔队员昂·拉克巴相继登顶。次仁多吉在珠峰峰顶停留99分钟后向南坡跨越,创造了人类在珠峰顶峰停留时间最长的世界纪录,并成为第一个从珠峰北坡向南坡跨越的中国人。14时20分、15时35分,中方队员李致新、尼泊尔队员拉巴克·索那先后登顶。

1988年5月5日中日尼三国队员分享登顶后的喜悦

李致新登顶珠峰

2. 南坡失去登顶机会

1988年5月4日，南坡中日尼第二突击队的9名队员依计划攀登至8 050m的4号高山营地，由于出现氧气短缺问题，只有一名日本队员背了两瓶氧气直接突击登顶外，其他8名队员不得不中途停止突击。5月8日北京联合指挥部宣布登顶、横跨珠穆朗玛峰成功，命令全体队员回撤。而南坡日方队长却强烈要求再次从南侧登顶。中日尼联合登山队领导经研究认为：三方已有6名队员首次实现横跨（中方3名、尼方2名、日方1名），12名队员实现登顶（中方

珠穆朗玛峰南坡大本营

4人，尼方3人，日方5人），已圆满完成任务。再继续登顶怕留下遗憾，于是决定按原计划执行。王勇峰也因此失去了这次登顶珠穆朗玛峰的良机。

三、王勇峰登珠峰奇险

1. 海峡两岸联合登珠峰

1993年海峡两岸的登山运动员首次携手攀登珠穆朗玛峰。大陆方面由中国登山协会副会长曾曙生任队长,金俊喜任攀登队长,队员为王勇峰、罗申加措、小其米、普布、开尊、马欣祥。台湾方面派出以李淳容任队长,伍玉龙、吴锦雄、李城彦为队员的联合登山队。台湾著名女登山家李淳容,从1989年至1993年往返两岸十多次,最终确定1993年和大陆组成联合登山队登顶珠峰的协议。

队员们的欢乐时光

中国台湾吴锦雄登顶珠峰

2. 台湾队员曲折登顶

原定台湾登顶队员为伍玉龙,大陆精选实力最强的多名藏族队员协助其攀登,但在突击前伍玉龙因身体原因,不得已退出登顶,改由吴锦雄登顶。

为了有力量登顶,吴锦雄大量吸氧,结果还没到突击营就把自己的氧气吸光了。他向王勇峰求助,王勇峰为保证联合登山队登顶成功,将自己的氧气供给了吴锦雄使用,自己却在无氧条件下攀登至海拔8 680 m的突击营地。

1993年5月5日9时突击队开始突击

登顶,开尊和普布走在最前面,小其米和加措以及中国台湾队员吴锦雄紧随其后,王勇峰压后。12时40分4名藏族队员登顶,13时20分王勇峰靠一只眼睛登顶,10分钟后吴锦雄登顶。

3. 共创奇迹

王勇峰在接近"第二台阶"时,突然右眼前方一片模糊,几乎什么都看不见。他深知迈错一步,就会有生命危险,但他相信自己能克服困难,靠着一只眼睛也要登顶。登顶前还有氧气,可当站在顶峰时氧气耗尽了,藏族队员不顾自身安危把自己的氧气瓶解下递给了王勇峰,这是何等伟大的登山精神啊!

王勇峰登顶珠峰

依原定计划登山队当天应下撤至 7 790m 的 5 号营地。王勇峰由于缺氧、极度疲劳,在顶峰高空急风猛烈的冲击下,氧气瓶被吹落山下,加之右眼失明,返回时他远远落后于 5 位队友。

在他独自下到"第二台阶"时,他用仅有的一只眼睛判断方向,挂着下降器,再三提醒自己小心脚下。可当他下到一半时,右脚突然踩空,"完了,命要丢在这里了",他只好拼命挣扎。幸好!他死死抓住了下降器的绳子,瞬间阻止了下坠!头朝下挂在岩壁上。强烈的要活着回去的信念,使其在毫无力气的情况下顽强地爬到海拔 8 680m 的突击营。

幸运的是突击营的帐篷没有拴,里面仅存的 3 个氧气瓶都有余氧。他一头扎进帐篷,不顾一切的大口吸氧,吸上氧气的王勇峰终于从死亡的边缘走了回来,吸够氧气后他才感到饥渴难忍。后因报话机丢失,王勇峰无法与山下联络,只好在突击营度过了一夜。

通常,失联 24 小时即认为英雄已伴雪长眠!但队长曾曙生和队友们却不愿放弃一丝希望,天刚蒙蒙亮就死死地盯着望远镜,时间一分一秒地度过,可失联 28 小时的王勇峰仍杳无音信!

10 时 30 分,观测到海拔 8 680m 突击营突然出现一个晃动着的黑点。王勇峰还活着!这个振奋人心的消息瞬间在大本营传开了,大家抱头而泣,庆祝死而复生的王勇峰归来!大本营立即命令马欣祥从 7 028m 的 4 号营地去 7 790m 的 5 号营地接应王勇峰。此时身在北京的李致新已守在电话旁度过了令人煎熬万分的 28 小时。

王勇峰凭着超人的智慧和果敢终于到达 5 号营地时,听到有人叫他,以为是幻觉!马欣祥扑上去拥抱王勇峰,两人都热泪盈眶。当他们胜利回到大本营时王勇峰受到英雄般的欢迎。

珠穆朗玛峰不相信眼泪!珠穆朗玛峰不拒绝眼泪!

1993年王勇峰攀登珠峰后经历了28小时失联

王勇峰奇迹般地返回营地

第三节 宏志的源泉

一、难忘的机遇与趣事

1. 美国朋友带来机遇

自南极文森峰有人类攀登以来，美国是对南极探险研究最多的国家，但对文森峰的地质研究尚属空白。1988年初美国"麦克·登"探险网向中国发出邀请：希望组织中美探险科考队攀登南极洲最高峰文森峰，所用装备、费用、路线确定、营地管理等均由美方负责。

中国政府欣然同意，双方于1988年4月26日达成协议。据美方要求，选定南京地质矿产研究所副研究员金庆民，武汉地质学院毕业的登山队员李致新、王勇峰3人为中方队员；美方队员是著名南北极探险家麦克·登、探险家柯瑞斯，以及加拿大籍向导沃勒。

危险的脚步

2. 签写生死状

1988年11月24日出发,10天后科考队抵达南美洲世界最南端的城市彭塔阿雷纳斯,第二天搭乘美国飞机飞越海峡抵达南极洲。美国飞行员向他们出示美国政府声明——《给计划去南极访问者的公开信》,特别注明:如发生意外,尸体就地掩埋,不能运送回国。只有签名,方可登机。金庆民这位年近半百的坚毅女地质学家首先签名,接着李致新和王勇峰也签写了"生死状"。

3. 挨饿的趣闻

旅途漫漫,飞行途中飞机发出巨大的噪音,美国队员都自带耳机,而中国队员只好用纸团塞耳。

十几小时后,飞机在爱国山营地着陆,这里是中转站,气温低至-40℃。美国队员

相携在风雪中

追不及待地往大帐篷跑去,吃面包、喝饮料;3位中国队员不知食物是免费的,且身上没美元,不敢去拿食物。首次出国,由于沟通不够,他们只好挨饿,闭目养神,努力坚持。美国队员感到十分惊奇,中国人真厉害!可以坚持十几个小时不吃不喝!

二、首次的南极之旅

1. 孤冷的大本营

在爱国山营地,队员们要换乘一次只能坐3人的小飞机飞至海拔2 300m的大本营,它美丽冻人、寂静无声,却阳光灿烂。

2. 自力更生

没有运输队,没有其他辅助设备,一切靠自己。大本营至文森峰的攀登路线约25km,大本营之上设有几个高山营地。1号营地距大本营7.5km,上升高度300m,即海拔2 600m;攀登文森峰要在大本营之上再建4个营地,需经过多处暗藏冰裂缝的雪坡,稍有不慎就可能掉进冰裂缝。他们走了2天

自力更生

才上升700m,到达2号高山营地;通往海拔3 800m的3号高山营地难度更大,风雪交加,寸步难行。

3. 女地质学家的意外收获

年逾半百的女地质学家金庆民,在从1号营地攀登至2号营地的途中,用相机拍摄地貌照片时,不慎摔了一跤,相机套瞬间掉进冰窟窿中,仅留下一个小小黑点,跟在金庆民后面的王勇峰眼疾手快猛地上前拉住了她,回头看,仅几米外就是一条冰裂缝,出于安全考虑他们只好返回1号营地。

女地质学家金庆民

由于险阻越来越多,李致新、王勇峰劝金庆民就在1号营地就地考察。美国队员担心金庆民难以独自生存,而她却以惊人的毅力在1号营地独自不懈地进行考察,发现了较大规模的含铁岩系和铁矿,填补了南极地质的空白,书写了南极地质史的新篇章。

4. 生死情

起初美国队员并没有把这两位瘦削的中国小伙子放在眼里,但李致新、王勇峰在2号营地至3号营地之间高效率运输物品的表现,让美国队员对他们多了几分敬重并且特别佩服他俩一流的登山技术。2号营地至3号营地途中有一处500m的雪坡,王勇峰在前开道,麦克队长在中间,李致新垫后保护,3人拴在一根绳子上。在快走出雪坡,正在翻越一面近60°的冰壁时,麦克突然滑倒,李致新高喊保护,王勇峰立刻把冰镐猛扎在冰雪中,全身紧紧压着冰镐,尽一切力量稳住。同时李致新感到腰间的安全绳猛地拉紧,此刻,麦克的一只脚已卡到冰裂缝中。幸好保护及时,否则麦克将葬身于深渊,粉身碎骨,甚至3人可能同时遇难。

死里逃生的麦克,对李致新、王勇峰二人不胜感激并与他们成为终生的好友!

生死相依

三、七小时连登两峰

1. 主峰之错

1988年12月2日是突击主峰的日子。李致新、王勇峰7时起来做准备工作。气温是－40℃,9时46分两人准备出发,但美国队员尚未准备好。他俩等待了十多分钟,冻得直哆嗦,正巧遇到另一队的美国探险家柯瑞斯出发,于是他俩跟着柯瑞斯向主峰进发。没有多久,由于他们的体力好、速度快,很快超过柯瑞斯。继续快速前进,上行风大、山脊陡,危险极大,李致新急中生智,把两人上升器的短绳拆下,将两人系在一起以确保安全。下午2时30分他们攀上峰顶,拍照时却发现右侧山峰更高一些,这说明脚下的山峰不是最高峰。下撤时,正巧遇上柯瑞斯。于是王勇峰、李致新决定与柯瑞斯一起攀登真正的顶峰。突击顶峰的路更难行,一个近70°冰坡拦住了他们的去路,他们相互鼓励,坚持、再坚持,前进、再前进!3人花了近两小时终于登顶文森峰,并带回珍贵的岩石标本。

7小时内连续登上文森峰Ⅰ峰、Ⅱ峰

2. 立下宏志

当他们返回1号营地时,孤守4天的金庆民告诉他们在南纬78°30′44″的背斜轴部发现铁矿。李致新、王勇峰受到很大鼓舞,也借帕特里克·马罗攀登世界七大峰的壮举,立下共登世界七大洲最高峰的宏志。

第四节　光辉的实践

一、1992年走西壁路线登麦金利峰

1. 短缺的经费与友情赞助

自从立下共登世界七大洲最高峰的宏志后,各方十分关注,但登山经费却需要自筹。转眼就到了1991年,中国登山协会领导关切地问两个小伙子:你们的七大洲登顶之事怎么没有动静?李致新、王勇峰原计划是先登北美洲麦金利峰,但资助问题尚未解决。王勇峰用英文发信至国外寻求资助也没有收获。

一天,在文森峰结下生死情谊的美国队长麦克来电问候李致新和王勇峰,并问他们在干什么?王勇峰坦诚地回答为攀登麦金利峰寻找资助但未果。麦克当即表示一切费用由他提供。这是文森峰结下生死情谊的见证,是友情也是支持!

风雪中的友谊　　　　　　　　　　　　　麦金利峰大本营风采

2. 危险的麦金利峰

1992年春天,麦金利峰遭遇罕见暴风雪,来自世界各地的200多名登山队员被困在山中,其中12人遇难。麦克建议:组成中美联合登山队,由美方的麦克、查克、马克和中方的李致新、王勇峰、陈建军组成。

1992年5月,中美联合登山队乘坐小飞机前往海拔2 193m的大本营,此地已有十几顶彩色大帐篷,驻扎着来自不同国家的100多名登山者。

风暴前的蘑菇云　　　　　　　　　　　　加固雪坑帐篷

1992年5月10日1时30分，中美登山队分两组出发，陈建军后来下山独守大本营。每人除了穿着装备外，还负重20kg并拖着放有30～35kg的大包，塑料小雪橇里面装有帐篷和能维持20天左右的食物。1992年5月12日出发不到1小时，就见几个法国人在挖雪坑扎营，他们说巡逻直升机收到电报，1小时后暴风雪即将来临。

他们艰难地走了4天，终于到达海拔2 850m的2号营地，风雪稍停，队员们就向海拔3 400m的3号营地进发。此时，前方传来有6人遇难的消息！

住雪洞御寒

到达3号营地时，正巧遇到一支英国登山队下山，于是他们很幸运地住进了英国登山队的坑地，省去了挖坑的体力及时间。

从3号营地到4号营地，沿途雪山冰裂缝甚多，随时有可能掉下深渊。

4号营地是一个很大的平台，非常开阔，但因风雪大，很多登山者被困在此休息、等待，故营地有大批帐篷，多达200多人同时在此驻扎，是高山上难得一见的景致。

3. 奇险的西壁路线

西壁路线是通往麦金利峰的最短路线，却是最难的、大家都不愿走的路线。富有探险精神的麦克提议走此路线，李致新、王勇峰欣然同意。听说中美联合登山队要走西壁路线，其他登山队队员纷纷表示：太危险！易滑落！

李致新、王勇峰眺望远方

利用雪堆避风

世界真小,缘分真巧!在4号营地有人向王勇峰打招呼并跑过来拥抱王勇峰。他叫杰夫,是名高山向导,两年前在攀登西藏的希夏邦马峰时与王勇峰结识。杰夫说:听说西壁太难攀登,非常危险!他4次攀登麦金利峰都不敢走此线。昨天有一支美国登山队登至海拔6 000m后,被迫撤回啊!

离开4号营地,李致新、王勇峰最早来到海拔4900m的突击营地,但两小时后麦克突然出现,并说查克和马克遇到困难,需要他们和他一起进行救援。查克和马克要攀登坡度为70°的大坡,而且是大风口。营救异常艰辛,李致新、王勇峰打下雪锥,3人接力组织营救,终获成功,大家平安到达突击营地。

4. 登山友谊的胜利

登顶的前夜传来不幸消息:美国顶级登山家——马科斯遇难!他独自攀登过世界三大岩壁,此次作为高山向导登顶麦金利峰,曾沿西壁路线从海拔3 500m处直接登顶,用时18小时,被称"外星人"。这次他过一道冰裂缝时踩着的冰桥突然坍塌,以他的技术水平本可自救,不幸的是他却当场被冰块砸死,一代登山英豪就此陨落!

李致新、王勇峰听到此消息深感悲痛,他们仍坚定不移地向顶峰走去。从突击营到顶峰6 194m,垂直落差有1 300m,其间多处为冰壁,险处坡度达80°,他们只能相互保护,确保安全,继续艰难攀登。

攀登

1992年5月24日13时57分,李致新、王勇峰在克服巨大困难后,终于成功征服了令人恐惧但风采无限的麦金利峰,他们在顶峰度过了10分钟,采集了地质标本。

　　在下撤途中他们遇到了麦克和查克,年过半百的麦克队长以惊人的毅力用时19小时登顶成功,而查克在离顶峰50m处不得已放弃登顶。两小时后回撤时,麦克叫醒查克共同回到突击营,当他们回到突击营后仅几分钟,帐篷就被袭来的大雪覆盖。之后,他们共同克服一切困难安全地回到大本营,沉浸在登顶后的无限欢乐和幸福中。

王勇峰(左)、李致新(右)登顶麦金利峰

二、1995年阿空加瓜峰的奇妙经历

1. 收获国人的资助

　　当李致新、王勇峰为去南美洲登山筹措资金而困扰时,北京一所高中的加拿大籍外教兰迪与他们不期相遇,并表示要与他们一起去登山;北京北辰体育协会同意资助他们30万元人民币。最终达成协议:由北京北辰体育协会副会长白建强担任领队,中方队员包括李致新、王勇峰、刘文彪(《中国体育报》记者),外籍队员是兰迪和他的朋友达戈。

　　他们在兰迪的故乡,加拿大的埃德蒙顿进行了为期3周的攀冰训练后,于1994年12月28日向阿空加瓜峰进发。

　　阿空加瓜峰是世界闻名的险峰,其南壁居世界三大最难攀登岩壁之首。自1897年1月14日瑞士登山家楚布里根首次成功登顶以来,其山脚下已树立60多位登山先驱的墓碑。攀登阿空加瓜峰,要经过这片碑林。碑上仅刻着遇难者的姓名,遇难时间,但大都没有遗体。他们从世界各地来这里,最终长眠在此。

"全家福"(左起达戈、兰迪、王勇峰、刘文彪、白建强、李致新)

世界闻名的三大岩壁之首

2. 独具风采的大本营

在海拔 4 230m 的阿空加瓜峰大本营,地势平坦宽阔,这里有 100 多顶彩色帐篷绵延相连,独具特色。这里是阿根廷的旅游胜地,每年到此旅游登山者多达数千人。

阿空加瓜峰第一次迎来中国的登山者李致新、王勇峰、白建强、刘文彪。他们受到不同国家朋友的关注。得知李致新、王勇峰曾登顶珠穆朗玛峰、文森峰、麦金利峰等世界高峰,更是受到热捧。很多登山者纷纷与他们交流并合影留念。

阿空加瓜峰大本营

3．惊人的登山能力和高超的登山水平

从大本营到海拔 4 900m 的 1 号营地，李致新、王勇峰负重比队友多，行进比队友快，且能轻松地欣赏沿途冰塔林之美。

从 1 号营地攀爬至海拔 5 400m 的 2 号营地，一般需要 8～9 小时，李致新、王勇峰仅耗时 3.5 小时，让加拿大朋友目瞪口呆。

李致新卧在冰塔林上

难忘的碎石路

4．抓住机遇登顶

依计划他们于 1 月 7 日到达海拔 5 850m 突击营地，由李致新、王勇峰组成 A 组，先突击登顶，但此时阿空加瓜峰出现了蘑菇云。这是暴风雪即将来临的先兆，有经验的向导推测 10 日内无望登顶。形势严峻，食物、燃料将成为大问题。

16 时，抓住机遇的李致新、王勇峰当即决定立即实施登顶。1 月 9 日 7 时李致新、王勇峰开始突击行动，此刻天气晴朗、万里无云，

胜利登顶

100 分钟后他们到达海拔 6 450m，最后 400m 全是松散碎石，极难攀登，体力消耗巨大，他们竟然耗费了 3 个小时。

海拔 6 850m 西北山脊处宽不足 1m，风太大，人站不稳，他们只好沿山脊仅 2m 宽的山脊避风处攀登。

1995 年 1 月 9 日 12 时 5 分，李致新、王勇峰胜利登顶！他们在山顶展示了五星红旗，并共同采集科研用的顶峰岩标本后离开山顶。

当他们站在山顶时,发现远处乌云滚滚向他们袭来,李致新、王勇峰迅速下撤,不到1小时乌云压向山顶。果然1月10日晚一场特大暴风雪袭来,1月11日清晨雪厚达1m,此刻他们果断丢掉帐篷背负高山标本下山。

B组下撤时,险遭不测。多亏李致新大声喊叫,帮助队友调整方向,B组队员才得以平安回到大本营。焦急留守大本营的领队白建强和他们一一拥抱,欢庆这来之不易的胜利!

三、1997年厄尔布鲁士峰福将登顶

1. 偶然的机遇

1997年5月初,在中国登山协会为韩国登山队举办的接风招待会上,李致新提议组建一支中韩联合登山队,共同攀登厄尔布鲁士峰。韩方当即表示同意并由队长张炳虎等13人(队员水平不一,其中有四五名队员攀登过海拔8 000m高峰)与中方队员李致新、王勇峰组成中韩联合登山队。

中韩联合登山队的出发时间是6月2日,6月4日晚双方在莫斯科相聚,6月5日早饭时,方知他们的登山计划要遵从旅行社的安排。这是一个令人无可奈何的背离登山科考研究的计划,但可能这是俄罗斯的传统。

依计划安排,6月9日,他们先乘缆车从海拔2 000m升至3 500m,再用雪地拖拉机将队员们送至海拔4 200m处,抵达著名的高山旅馆。

当地最严重的问题是天气变化无常。有二十多年多次登顶此山经历的向导阿里也对天气变化没有把握。据韩方安排,6月12日登山队将撤离厄尔布鲁士峰。

登山队员在进行高山适应

2. 突击决策

6月9日晚天空突然放晴,李致新、王勇峰决定6月10日突击顶峰。韩方队长却说:"天气突变,山难就在暴风雪中!"

王勇峰认为:天时是第一要素,抓住天时是登山成功之本!

韩方队长最后说:"你们要对自己的行动负责。"

王勇峰观察路线

3. 艰难的攀登

6月10日凌晨3时李致新、王勇峰摸黑做早餐,韩方队长还来劝说他们不要单独行动。但因王勇峰、李致新坚决要登顶,他只得同意。

4时30分李致新、王勇峰离开寂静的突击营地,为保证登顶成功,他们改变了常规的一小时休息一次的安排,而改为连续攀登3小时休息一次。

6小时后,他们终于攀登至海拔5 300m的双峰鞍部。此时,李致新极度疲劳,面色发紫,倒头就睡。

攀登途中的王勇峰(左)

王勇峰深知在高山昏睡是发生山难的常事,他抱着李致新不断摇晃,不断地说:"千万别睡着!"

李致新无力地回答:"我控制不住,就是想睡。"王勇峰脱下风衣裹在李致新身上。20分钟后王勇峰叫醒李致新问他感觉如何!李致新说:"身上很冷,还想睡啊!"此刻来了一名韩国队员,因韩方队长看他俩已开辟出登顶道路,决定韩国部分队员也今天登顶。

此时,李致新要王勇峰和韩方队员登顶,自己在此休息!王勇峰坚决不同意。待李致新感到体力稍有恢复后与王勇峰及韩国队员重新出发,却把王勇峰为他垫在身下的风衣,永远地留在了那里。

4. 奇遇!福将登顶

从海拔5 300m至顶峰是一个坡度为30°的大坡,这对登山者来说并不是难事,但此刻李致新极度疲劳,王勇峰体力消耗过大。此时,若无他人相助,登顶几乎没有希望!

在最无望的时刻,不远处来了两位俄罗斯的登山运动员,他们也准备攀登顶峰。

他们精力充沛,真如神兵天降,当仁不让地走在最前面,在斜坡上踏出了深深的脚印,而李致新、王勇峰以及韩国队员三人一步又一步艰难

神兵天降

地跟着。快到顶峰时,李致新完全清醒了,突然冲到最前面成功登顶。接着两名俄罗斯登山队员、王勇峰和韩国队员相继登顶,李致新、王勇峰留下了最完美的顶峰照片并采集了珍贵的岩石标本。

王勇峰(左)、李致新(右)顶峰展示国旗　　　　　李致新顶峰展示国旗

四、1998年登乞力马扎罗山的美妙

1. 第一次有新闻记者随同

攀登乞力马扎罗山时,李致新、王勇峰攀登世界七大洲最高峰已近10年,第一次有电视记者跟踪采访,且是由中央电视台体育中心新闻部主任张兴带队,队员为张伟、潘燕生、张兴。同时,还有记者王灏铮作文字报道。

李致新、王勇峰与随行记者合影

李致新、潘燕生、王勇峰、张伟、张兴(由左至右)

2. 公园式管理

坦桑尼亚将乞力马扎罗山辟为乞力马扎罗国家公园,后被联合国教育、科学及文化组织列入《世界文化与自然遗产保护名录》,形成旅游特色,实施公园式规范性管理。

他们住在靠近山麓的乌兰古酒店,老板对8条登山线路都很熟悉,为他们安排服务向导和背夫(依规定负重客货不超过20kg),并为他们选择了攀登者不多的登山路线。此时正值1988年元旦,每逢佳节倍思亲,大家都无比思念家人。

李致新在看女儿照片

3. 旅游式攀登

乞力马扎罗山的雨季为每年3—6月,其他时间雨水稀少。当登山队进入灌木和高山草甸交接地带时,突降一场暴雨,很快形成小河急流。

登山中遇大雨

他们大约攀登至海拔 2 900m 处时,发现一处岩洞,那是他们的宿营地。当他们从海拔 2 900m 攀登至 3 700m 的 2 号营地时,雨停了,王勇峰因身体不适,早早进睡袋休息。次日,王勇峰早起,叫大家一起欣赏美丽雪峰风景。

王勇峰与向导杰夫瑞

4. 突发事件

5 小时后他们到达海拔 4 750m 的基博木棚突击营。谁料随行女记者在此突发严重高山反应,最佳处理是立即下山,否则会有生命危险。被李致新和王勇峰看好可以登顶的张伟和潘燕生只好放弃登顶,护送女记者立即下山。

王勇峰(左)、向导杰夫瑞(中)和李致新(右)

5. 风雪中登顶

攀登此峰的时间安排通常为 0 时起床，1 时出发，6 时攀登至海拔 5 681m 的吉尔曼峰看日出，有能力者再用两小时攀登乌呼鲁峰。考虑到自己的实力，李致新、王勇峰和向导推迟了 1 小时出发。

这是李致新、王勇峰又一次夜里登山，睡意阵阵袭来。王勇峰把准备好的小袋加浓咖啡与李致新分享。因他们是登山名家，很多队伍虽然先行 1 小时，却被他们赶超。

天蒙蒙亮，云层低矮。风势加剧，他们从中山处抵达海拔 5 681m 的吉尔曼峰。此刻，很多队伍因气候变化立即回撤。

向导杰夫瑞和其他向导想立即回撤便谎称：这就是顶峰！旁边的英国登山队员说：这不是顶峰！王勇峰被谎言激怒，向杰夫瑞吼道：你回去吧！

登顶成功

7 时，这个季节罕见的暴雪迎面而来！危急中怀着登顶决心和超强的毅力的李致新和王勇峰终于在 7 时 40 分登顶成功。随后王勇峰和李致新专心采集科研标本，仅 15 分钟，山顶已白雪茫茫。

奇特的顶峰雪景

李致新凭借极佳的判断力和执行力,在经验与直觉的引导下带领大家下撤。1小时后队员们穿出暴风雪区,找到下山之路。16时,全体队员安全地回到海拔3 700 m的2号营地。此刻传来不幸消息,一位德国登山者在暴雪中遇难。

1998年1月6日登山队安全回到大本营,留下了弥足珍贵的照片。

王勇峰(左)、李致新(右)   登顶成功回大本营前的影像

五、1999年查亚峰圆梦

1. 特殊的登山队伍

1999年李致新、王勇峰攀登查亚峰,由于此次登山队成员构成非常复杂,故审批手续异常繁琐。

登山队员大本营合影

登山队员向山顶攀登

2. 成功登顶

队员们从依利安查亚省南部城镇蒂来卡至被称为自由港的世界著名铜矿产地普拉,两地相距约100km,上升高度却达1 700m。

普拉是一个典型的高山矿区,这里是登顶的必经之路。

6月23日4时李致新和王勇峰准时出发,攀登顶峰。因为印度尼西亚方面的原因,2/3的登山设备都留在山下。王勇峰居然没有安全带,长绳也一根都没有,这给登顶造成巨大的困难。

特别是最后在攀登一条20m宽的裂缝时,需要固定绳索。他们只好用上升器和下降器,以及山下捡来的一段旧绳索,既消耗了大量体力,又比计划多用了3小时。

1999年6月23日13时25分(北京时间12时25分),李致新用卫星电话向北京中国登山协会主席报告他与王勇峰已成功登顶。

至此,李致新、王勇峰胜利完成了攀登七大洲最高峰的计划。

1977年5月至1986年5月,加拿大登山家帕特里克·马罗第一个完成登顶世界七大洲最高峰的壮举。但来自同一所大学,同时进入国家登山队、同时登顶世界七大洲最高峰的仅他们两人,故世人称他们为登顶世界七大峰的"双子星"。他们的壮举是中国登山家走向世界的标志。

珠穆朗玛峰①

文森峰②

麦金利峰③

阿空加瓜峰④

厄尔布鲁士峰⑤

乞力马扎罗山⑥

查亚峰⑦

①1988年5月，中日尼三国联合攀登，李致新北坡登顶
　1993年5月，海峡两岸联合攀登，王勇峰登顶
②1988年12月，李致新、王勇峰同时登顶Ⅰ峰、Ⅱ峰
③1992年5月，李致新、王勇峰同时登顶
④1995年1月，李致新、王勇峰同时登顶
⑤1997年6月，李致新、王勇峰同时登顶
⑥1998年1月，李致新、王勇峰同时登顶
⑦1999年6月，李致新、王勇峰同时登顶

第九章　跨世纪的传说

雪域高原别故乡，江城初试露锋芒。
珠峰实现登山梦，"七二"传奇谢李王。

第一节　升起的新星

一、雪域的儿子

在西藏日喀则地区的白朗县，一个普通农牧民家中有 8 个孩子，他排行第六，父母为他取名次仁罗布，是"长寿宝贝"的意思，简称次落。

西藏的一切都充满自然的韵味，简作的农田、广阔的牧场是人们赖以生存的自然基础，一望无垠的草原、成群的牛羊、奔腾的骏马……人与人之间的友善与忠诚是次落永远难忘的记忆。

家乡的记忆

二、走出藏区

1. 走出日喀则

次落小时候由于好奇,在小学三年级时曾想去寺庙当和尚,后未能实现。小时候也曾见到过勘探队员,对勘探队员的工作有着无限的期待和美好向往。

15岁时次落走出日喀则来到济南西藏中学读书,第一次了解到祖国之大及外面世界之精彩。

1995年,他考入中国地质大学(武汉)地球物理系学习,那时,他喜欢足球。1997年大二时,因踢足球受伤,去校医院找外科医生刘亚非治疗,刘医生的治疗很有效,交谈中他得知刘医生是中国地质大学登山队的队医。刘医生说要去西藏登山。

对于家乡的记忆,激起了次落的登山热情,他立即向校体育课部申请参加西藏登山活动,并详述了他的三大理由。

申请被批准后,中国地质大学登山队队长马欣祥老师与次落进行了一次深入的交谈,次落心中流过一股暖流,对未来充满了希望。

次落骑行在校园中

中国地质大学登山队队医刘亚非

2. 初始的三关

中国地质大学登山队招收队员的考核十分严格,主要包括体能、体检、技术与精神。前两项是基础,第3项既包括各种登山技术与技巧,又包括吃苦耐劳、团结友爱、坚忍不拔、舍己为人等精神。

次落在3项考核中都具有一定优势,大概是由于具有"藏族基因"吧! 故1997年在神农架的登山实地训练中,次落从所有的在校学生中脱颖而出,表现优异。

3. 初登故乡之山

1997年次落和中国地质大学登山队老队员共11人奔赴西藏初登海拔8 000m以上的希夏邦

马峰。

在白茫茫的雪覆区，有"山舞银蛇，原驰蜡象"的美丽风光，更有无数深不见底的天然冰裂缝，以及无法预测、瞬间降临的雪崩等，只有身临其境才能真正感受到自然的力与美。

美丽神秘的希夏邦马峰

当登山队第一小组在2号登山营地休息时，突然一声巨响，老师和同学都受到了惊吓。马欣祥老师惊喊：雪崩了！他们十分担心第二小组（运输队）的安全，若早走半小时，他们将葬身雪海……

次日，大家发现雪崩后登山路线被破坏得面目全非。次落的耳边不断回响着雪崩的巨响声。雪崩巨大的破坏力给次落留下了深刻的印象。

最后，从3号营地向上冲顶时，因体力消耗大，队员们在海拔7 800 m处休息至13时。此时若突击登顶，下山时天色已晚，安全将成为最大的问题。次落因体能好，尝试登顶，带着雪锥和绳子向上继续攀登了50 m，但因雪已没过大腿根部，耗时太长，老师从安全角度出发决定下撤。次落到达的海拔7 850 m，成为当时国内在校大学生的登高纪录。

雪崩奇景

三、首登珠峰创纪录

1. 登珠峰前的思虑

首登希夏邦马峰给次落带来巨大震撼,几乎动摇了次落对登山的信心。

恐怖的雪崩,危险之大,躲避之难,常人难以想象。

滑坠,在海拔 7 800 多米处,如雪锥没有固定好,则将瞬间滑落。

茫茫雪海极度危险,明暗不同的裂缝,随时可能吞噬登山者的生命……

登山真难、真苦、真累、真危险是次落对登山的新认识!马欣祥老师问次落:"以后来不来登山?"次落马上回答:"不来了。"

数不清的明暗冰裂缝

2. 珠峰!我来了!

中国地质大学登山队马欣祥老师又一次找次落询问:"明年中国与斯洛伐克(以下简称中斯)有一次联合登山活动,你有没有兴趣?"次落问:"我有没有资格?"马欣祥老师回答:"可以争取。"

终于,有一天马老师通知次落,让他作为后备队员参加中斯攀登珠穆朗玛峰活动。中国地质大学(武汉)地球物理系特意为次落举办了欢送会。

1998年春,带着老师、同学们的祝福,次落参加了中斯联合攀登珠峰活动,他是中方 8 名队员中年龄最小的一员。为照顾斯方队员,中方老队员担负了修路、运输、开路、建立营地等诸多任务,故体力消耗很大,次落因年龄小也受到大家的照顾。中斯登山队第一次突击顶峰时,次落和两名队员在 7 790m 的营地承担接应工作,由于山上连续降雪,给突击队辨别路线带来了极大困难。由于积雪深,体能消耗大,最终因为路线和时间原因,第一次冲顶宣告失败。中方第一突击队的3名主力队员由于前期过度疲劳造成身体的伤病，因而无力完成冲顶任务。第二次冲顶的任务落在了年轻的次落和木世俊身上。突击前夜，考虑到斯方队员用氧量大，他俩在8 300 m的营地一夜没有吸氧导致体能消耗巨大，队友木世俊出现手指轻微冻伤和落枕现象，出发后不久，在一段硬雪坡上，他因冰爪脱落而滑坠了数米。在将近8 500 m这样的高度，发生滑坠事故，对两名年轻队员的生理和心理都产生了巨大的冲击，

师生欢送次落赴京集训

大本营得知情况后，从队员的安全考虑，命令次落立即护送木世俊下撤到6 500 m的前进营地。第二天，斯方3名队员利用次落和木世俊留在8 300 m营地的氧气等物资顺利地登上顶峰！

3. 最终的抉择——登顶

按照双方事先的协定和联合攀登的惯例，只要有一方登顶，就算联合队登顶成功。当前进营地所有队员准备下撤时次落却拒绝下撤。将近3个多月大家共同付出了巨大的努力，甚至是身体伤病的代价，可是最终中方队员没能登顶成功，次落感觉特别的遗憾，他独自面对珠峰一遍又一遍地抹去涌出眼眶的泪水。当大本营得知这一情况后，详细了解了次落的状态，并想尽办法补充氧气、寻找其他队伍结伴攀登。

1998年5月20日次落从6 500 m的前进营地再次出发。21日按照原计划攀登到7 790 m营地，可那天刮了整整一晚的大风。22日因风大、身体不适等原因次落又撤回到7 028 m的营地，冲顶希望再次变得渺茫。令人惊奇的是23日他一天从7 028 m赶过了两个营地，到达了8 300 m的突击营地，按照约定与南非队的夏尔巴向导会合成功，结伴冲顶。24日冲顶，出发3小时换氧时，次落发现

次落在攀登

氧气瓶漏气但自己又无法解决，此时是"上又不能上，下又不能下，次落眼望顶峰，泪水静静地流淌"。正巧，南非登山队的夏尔巴向导回头看到次落的情况，折回来，帮助次落顺利解决了氧气瓶的漏气问题。次落对夏尔巴向导深表感谢！

达到"第二台阶"时，由于高山缺氧，体能消耗过大，次落登顶遇到困难，且当次落看到1975年修建的金属梯时，他想起了登山前辈们的英勇事迹与精神，极大地增强了他登顶的信心和

决心。

最终,坚韧、顽强的意志力支撑着次落成功登顶!次落在珠穆朗玛峰顶留下了自己年轻的足迹,并在顶峰展示了中国国旗,拍下360°实景照片佐证。次落成为中国在校大学生登顶珠峰的第一人。

次落登顶珠峰展示中国国旗

次落(左二)与斯洛伐克登顶队员合影

第二节　感恩

一、何去何从

次落从中国地质大学(武汉)毕业后可选择回家乡西藏工作,美丽家乡的地质队曾让年少的他无限向往并对未来充满希望。

二、选择的动力

1998年在中国登山队的训练,特别是登顶珠峰的经历使次落终生难忘,这让十分热爱登山运动的次落对登山精神有了更深层次的理解,成为他日后选择在国家登山队工作的动力。

三、领导的关爱

李致新副主席和王勇峰队长非常关注这个难得的登山人才,关切地问次落:"愿不愿

中国国家登山队登山基地的标志——山魂

意来中国国家登山队。"次落回答："当然愿意！但我属定向分配，按政策规定当回西藏工作。"但次落也表示，我特别喜欢登山和中国国家登山队。从中国登山事业发展角度考虑，惜才如命的李致新副主席和王勇峰队长立即表示："我们负责协调商调，你来国家登山队工作。"

调入中国国家登山队后，次落的主要任务是训练并带领业余登山队攀登海拔 6 178m 的玉珠峰。次落开始全面熟悉各种高山攀登技术，遇到困难时，他经常得到王勇峰队长的具体指导。

次落（右一）现场指导

第三节　跟着王队长完成"7＋2"①

王勇峰队长凭借他自身的魅力、品质和优秀的人格受到诸多登山活动家的信赖，并受资助开展"7＋2"登山探险科考活动，万科集团的王石董事长就是其中一位突出代表。

---

① "7＋2"是指攀登世界七大洲最高峰——亚洲珠穆朗玛峰（海拔 8 844.43m）、南美洲阿空加瓜峰（海拔 6 962m）、北美洲麦金利峰（海拔 6 194m）、非洲乞力马扎罗山（海拔 5 895m）、欧洲厄尔布鲁士峰（海拔 5 642m）、南极洲文森峰（海拔 4 897m）、大洋洲查亚峰（海拔 5 030m）或大洋洲科修斯科峰（海拔 2 228m，中国国家登山队持前者，中国地质大学登山队持后者），且徒步到达南北两极极点的极限探险活动。以下文中简称"7＋2"。

登山成功后的欢乐

一、"7+2"的挑战

1. 偶然的双王决策

在王勇峰队长与万科集团董事长王石的一次偶然交谈中,王石表露出了对登山运动的向往和热爱。王勇峰队长坦诚相告:在登山界,攀登世界七大洲的顶峰并徒步到达南、北极极点被称为"7+2",最具挑战性!酷爱户外运动的王石虽已年过半百,但他决心挑战自己。首登峰确定为难度较大的北美洲最高峰麦金利峰。

2. 2002年首登麦金利峰

队伍组建后,富有登山经验的王勇峰队长制订了详细的方案:7大山峰各有难度,保障安全是第一位的。只有针对每座山峰的特点精心准备,逐个突破,才能最终顺利实施"7+2"计划。

2002年5月17日,在王勇峰队长的带领下,队伍如期出发,攀登北美最高峰——麦金利峰。

王石(左)与王勇峰(右)

征战麦金利峰

3. 首席助手

本次"7+2"活动中,次落成为王勇峰队长的首席助手,协助队长做好以安全为首的各项工作。

2002年5月29日8时左右队员们从突击营出发,经过10个多小时艰苦攀登,顽强地克服极寒、狂风、冰裂缝等诸多困难,终于在17时28分登顶麦金利主峰成功。

王勇峰队长强调安全返回是关键。由于他的丰富经验及有效指挥,全队团结一致,顺利安全地返回大本营,并于2002年6月3日安全返回北京。

登顶麦金利峰

二、前进中的"7+2"

1. 2003年文森峰的辉煌

麦金利峰之行，激起了王石的巨大探险激情。由于王勇峰队长常说："别管那么多！先做出来！"所以短暂休息后，王勇峰、王石共同决定攀登南极洲最高峰——文森峰。

此次登山队伍有所扩大，队长为王勇峰，教练为次落，老队员包括王石、刘健，新队员包括陈骏驰、吕仲凌、于翔。

"全家福"

这是王勇峰队长第二次带队奔赴南极，他登山经验丰富，依据队员的具体情况量身定制并进行合理科学的安排，对登顶成功起了重大作用。2002年12月5日登山队由北京出发飞住智利彭塔阿雷纳斯——离南极最近的美丽城市。登山队乘飞机抵达2 300m大本营，王勇峰队长妥善安排队员们驻扎在三级营地，队员们自行运输。

2003年元旦，队员们是在突击营地度过的。王勇峰、王石、次落、刘健等相互问候，在尽情欢庆新年到来的同时，也期待此次能顺利登顶。

2003年1月18日，在克服极度严寒、强风等巨大困难后，队员们成功登顶南极洲最高峰——文森峰，这是第二支登顶文森峰的中国登山队。

下撤过程中次落认真、细致地帮助大家执行王勇峰队长的各项要求，同时关注每一个细节，最终大家平安地回到大本营，并顺利回国。在王勇峰看来，安全第一是一种登山信念与精神。

自己运输装备给养显艰难　　　　　　　　　登山队在南极欢庆 2003 年元旦

2. 2004 年阿空加瓜峰的风采

2004 年阿空加瓜峰登山队是由 2003 年攀登南极洲文森峰的原班人马组成。王勇峰队长告诉队员们阿空加瓜峰山脚有 60 多位登山家的碑林。队员们不禁陷入了沉思。

阿空加瓜峰下小镇剪影

登山队利用两天的时间抵达大本营,那里是南美著名的旅游胜地。大本营平坦开阔,数量众多、色彩艳丽的帐篷分外夺目。其中灰色的方帐篷是军方为登山者提供餐饮服务的食堂,军方还可提供各项完备的服务,这是阿空加瓜峰的特色。

阿空加瓜峰大本营

2004年1月18日,登山队从大本营出发向海拔4 900m的1号营地进军,并进行了3天的适应性训练。1月21日从1号营地出发,到达海拔5 400m,进行了4天适应性训练后返回大本营休整。

2004年1月27日,登山队首先通过1号营地,然后通过2号营地,最后到达海拔5 380m的突击营,准备登顶。2004年1月31日,天气晴朗,迎着阿空加瓜峰的高山大风,登山队胜利登顶。

全队登顶,无上光荣

全队胜利登顶后,王勇峰队长要求队员们注意安全,确保万无一失。胜利返回大本营后,全队沉浸在幸福之中。安全第一是一种登山文化,只有自觉认识,自觉执行,从细节做起,精益求精,才能保证登山活动顺利成功。

3. 2004年厄尔布鲁士峰的秀丽

2004年初胜利登顶阿空加瓜峰后,王石对王勇峰队长的登山才华,超人的毅力及耐力,丰富的经验,突出的现场指挥才能,细致入微的安全观念,独特的人格魅力有了更深入了解;对次落教练的登山才华、技术能力、优秀人品有了更深入的了解。同时,他对登山精神也有了更进一步的领悟。于是他们商量扩大登山队伍,勇攀美丽的欧洲最高峰——厄尔布鲁士峰。

队长:王勇峰

教练:次落、孙斌、曹俊

队员:王石、于露(女)、王克明、王巍、汪健、孙冕、刘健、蔡大庆、杨险峰、江万红、孙红(女)、王秋杨(女)

2004年7月1日登山队从北京飞往莫斯科后,转机飞往矿泉城。7月3日进行约5小时徒步适应性行军,检验队员的适应性。7月4日进行3～4小时徒步训练,继续检验队员的体力和耐力。7月5日抵达海拔4 200m的突击营(苏联修建的铁皮车厢式高山旅馆)。王勇峰队长决定将登山队分为A、B两组,分别在7月6日和7月7日由突击营攀登至海拔5 300m的高山旅馆突击登顶。由于王勇峰队长事先对天气把握准确,并且对登山路线的耗时估计准确,7月6日A组胜利登顶。这大大鼓舞了B组的信心,7月7日B组也登顶成功。

在王勇峰队长的周密部署及次落教练等不遗余力地贯彻执行下,这支庞大的登山队登顶后顺利安全地返回北京。

厄尔布鲁士峰下的"全家福"

王勇峰等安全返回

4. 2005年非洲乞力马扎罗山的快乐

2005年2月11日非洲乞力马扎罗山登山活动开启,当天是农历正月初三,17名队员互致节日问候,畅谈着对此次非洲登山探险之旅的憧憬。

队长:王勇峰

教练:次落

队员:王石、王秋杨(女)、于露(女)、韩一华(女)、曾雪松(女)、杨险峰、袁芬(女)、黄怒波、胡云(女)、蒋波、赵华、吕忠凌、陈锐军、李伟文、梁群等共17人,其中女队员6人,男队员9人,以及队长、教练各1人。

乞力马扎罗山,是非洲的骄傲,为自然界独立大火山体,位于赤道附近。山麓至山顶,四季分明,拥有完备的旅游管理机构和设施,因而受到登山者的喜爱。

2005年2月12日,登山队从墨西镇乘车直抵乞立马扎罗国家公园大门口(海拔1 970m),按公园管理要求办理好一切手续。4小时后抵达1号营地罗德拉(海拔2 700m);2月13日,队员们用时6小时登至2号营地火伦坡(海拔3 700m);2月14日从火伦坡向马子文峰进发,用时4小时,队员们的体力、耐力、意志力都得到了锻炼,为登顶做好必要准备;2月15日队员们攀登至3号基博营地(海拔4 750m)。

登顶前,王勇峰队长对全队2月16日登顶的具体要求与关键细节作了详细部署与安排,特别强调安全无小事,每个人都必须落实细节;次落牢记队长要求,帮助大家逐一解决具体困难。

2005年2月16日,艳阳高照,虽在攀登途中时有险情发生,但在经验丰富的王勇峰队长和次落教练的帮助下,险情都一一化解,大队人马顺利登顶,留下了美好且难忘的回忆。

"全家福"

王勇峰队长要求队员们注重细节不放松,确保安全第一,大家认真执行,平安下撤,顺利返回北京。

乞力马扎罗山主峰峰顶标志

三、走向胜利

1. 2005年4月北极的漂移

北极之行,是王石董事长与王勇峰队长的又一次成功合作。仅仅离庞大的登山队伍完成非洲乞力马扎罗山的攀登不到两个月,北极徒步的探险旅程又开始了。

队长:王勇峰

教练:次落、曹峻

队员:王石、王秋杨(女)、刘健、孙冕、钟健明

2005年4月13日14时45分,王勇峰率领北极探险队由北京飞往挪威首都奥斯陆。

北极探险队员合影

北极探险队抵达奥斯陆后停留2日,调整时差,研究各种可变因素,制定应变预案并实施把控方法,确保行程安全、可靠。

2005年4月18日,队员们乘坐喷气式客机飞行2.5小时后,抵达北纬88°的基地营Borneo,建立营地并做适应性训练。

GEA探险公司负责安排北极探险队的行程及制订具体计划,侦察和评估前往极点的路线,对气象条件进行分析与评估,确定向导具体人数和人员。最后,确定是否从营地直接出发。

4月19日—26日,队员们拖拽约35kg的雪橇,每天滑雪6~8小时,向极地挺进。

2005年4月26日北极探险队抵达北极极点,并在此住宿一晚。茫茫北极之寒夜,暴雪狂风

行进在前往北极极点途中

令人万分心惊！好在天气预报无暴风雪。北极虽可以用 GPS 精确定位，但由于北极在漂移（是冰块的漂移），故北极极点是相对的。

在北极极点的合影

4月27日飞机飞往极点接大家返回基地营Borneo,4月29日队员们乘飞机返回奥斯陆,4月30日大家在此欣赏独特的建筑和旖旎风光,而后乘机安全返回北京,为此次北极之行画上了圆满句号。

2. 2005年科修斯科峰

由于王勇峰队长爱才惜才并鉴于次落前期的优秀表现,为全面提升次落的综合能力,王勇峰队长提议此次攀登澳洲最高峰由次落担任队长,队员包括刘健、杨险峰、孙红(女)、于露(女)。

2005年6月13日队员们由北京飞往悉尼,6月14日到达科修斯科山国家公园。该公园位于堪培拉东南约140km,面积约6 900km²,是新南威尔士洲最大的自然保护区。

澳洲最高峰为科修斯科峰,海拔2 230m,由花岗岩组成。海拔1 700m以下森林茂密,峡谷幽深,急流汹涌,风景优美。每年冬季(6—10月),有广达1 035km²覆雪区,这里是澳大利亚的滑雪胜地。一年四季都是休闲、旅游、登山的最佳场所。

2005年6月17日次落率队登顶

次落率队克服了重重困难于2005年6月17日登顶科修斯科峰,并率队平安返回北京,给队员们留下了极为美好的回忆。

3. 2005年南极点漫步与文森峰历险

队长:王勇峰

教练:次落

队员:王秋杨(女)、刘健、杨险峰、李伟文、梁群(女)

2005年12月1日队员们从北京出发途经巴黎,于12月3日抵达智利首都圣地亚哥。12月6日—14日在蓬塔阿雪纳斯进行南极探险的体能训练和准备工作。王勇峰队长针对每位队员的特点提出了有针对性的要求。既严格又细致,特别强调细节决定成败,确保安全第一。次落作为教练更加用心地执行队长的各项要求。

12月15日队员们飞往南极洲美国的爱国者营地,由美国向导用GPS引导,步行纬度1°约120km路程。因南极是昼日,看到的冰雪与山峰相连,危险的冰裂缝让队员们在行进时格外小心谨慎,安全是大家最为关注的,大家尽一切努力防止意外发生。12月16日全队在美国向导的引导下步行奔赴南极极点。

南极点"全家福"

12月17日—26日徒步过程中，每人背20kg的物品、拖40kg的雪橇，依计划安排，小心谨慎地挺进。最终，顺利地穿越南极冰原，平安到达南极极点。

南极不属于任何国家，但由于美国经济发达，最早进入南极建设登山探险营地，更在极点设有已具小城镇规模的、巨大的科考站。

队员们参观了美国在南极培育的种类繁多的草本、木本植物，这些植物都在温室中成长，令人叫绝。

南极点合照

徒步南极探险队于 2005 年 12 月 27 日乘飞机抵达海拔 2 600m 的爱国者营地，在此度过 2006 年元旦。王勇峰感慨，经过十多年的努力，爱国者营地各方面条件都大为改善，其中 GPS 定位的应用，通讯设备的完备，气象预报的准确性，还有向导的素质都显著提高。

南极爱国者营地（2006 年初）

南极徒步顺利完成后，队员们开始准备文森峰的攀登。经验丰富的王勇峰队长向美方向导提出了三个要求：

（1）选择最安全、最合理的攀登路线。

（2）准确把握天气情况，准确计算各登山营地预计到达和停留的时间。

（3）控制在突击营地的停留时间，确保登顶的最佳时间。

2006 年 1 月 3 日—7 日的行程一切按王勇峰队长的要求完美地进行，队员们于 1 月 7 日登顶南极文森峰。

2006 年 1 月 8 日队员们安全下撤并平安返回，给此次南极探险画上了一个完美的句号。

4. 2010 年查亚峰圆梦之旅

2010 年初大洋洲最高峰查亚峰攀登是次落"7+2"圆梦之旅，王勇峰队长因事未能参加，队伍结构稍有变化。

领队：孙斌

教练：次落

队员：王秋杨（女）、陈芳（女）、刘健、孙冕、范文俊

2006 年 1 月 7 日登顶南极文森峰

2010年初攀登大洋洲最高峰团队

此次攀登次落独自担任教练，虽然压力大，但信心足，他依然坚持精心策划，从小事抓起，确保安全第一，这是次落多年登山经验的可贵总结。

2010年1月24日队员们从北京飞往雅加达，与印尼探险公司会面，了解行程安排。26日在探险公司向导的带领下，队员们徒步5天，行程约100km，途经印度尼西亚新几内亚岛东半部地区，穿过雨林和原住民区，抵御热带虫兽和疾病，虽然辛苦，但都顺利通过。

2010年1月30日队员们抵达突击营，休息一日后于2月1日清晨出发，艰苦攀登，胜利登顶。次落将实现"7＋2"的喜悦与大家分享，并与队友们尽情享受着登顶的快乐。

登顶的欢乐

"安全第一,平安返回",次落始终牢记王勇峰队长的教导。他注重细节,保证登顶活动顺利完成。全队于2010年2月7日抵达美丽如画的巴厘岛,休息并庆功。2月9日全队乘机飞越太平洋,平安抵达北京。

次落是幸运的,遇上了好时代、好领导、好机遇,并通过自己的努力和参与队友的相互支撑成功攀登世界七大洲最高峰并徒步到达南北两极。我们应该学习次落努力奋斗的精神,也应该学习王勇峰的开创精神与伯乐精神。中国登山队"不畏艰险、顽强拼搏、团结协作、勇攀高峰"的登山精神值得传承和发扬。

次落(右)与恩师王勇峰(左)

第四节 2008年震惊世界的珠峰圣火传递

珠峰圣火创新篇,网络连通到"屋"巅。
帷幄运筹发指令,北京奥运史无前。

一、创见

1. 火炬传递新亮点

2008年第29届奥运会在中国首都北京举行,这是中国人的百年夙愿。曾经掀起中国风的"双子星"李致新、王勇峰考虑能为奥运会做点什么?经过缜密思考和全面论证,他们向国家有关主管部门提出开展珠峰圣火传递活动的建议,获得有关主管部门的大力支持。

2. 构思中的创见

2008年珠峰圣火传递符合人文奥运、绿色奥运、科技奥运精神。中国登山人将象征"和平、友谊、进步"的奥运火炬送上世界之巅,创造奥运火炬传递史上的新高峰。

二、精心实施

1. 2008年北京奥运会火炬

2008年北京奥运会火炬在燃烧稳定性与外界环境适应性方面都达到了新的技术高度。火炬在低温、低压、缺氧、大风条件下都能被点燃并正常燃烧。

火炬以丁烷为燃料,更易在高海拔点燃并具有较强的可视性。同时火炬具有一套背负系统,让火炬能抗震、防摔并保证燃料不会在登顶过程中外泄。

2. 精心组织实施

(1)人员安排。在第29届奥林匹克运动会组织委员会的指导下,在国家体育总局登山运动管理中心的具体领导下,确定由我国著名中青年登山家组成专业的奥运圣火珠峰传递登山队。其中以著名登山家王勇峰为队长兼总教练,罗申、尼玛次仁为副队长兼副总教练,次落、李富庆为教练,汉藏队员共31人,包括各方面的登山精英。

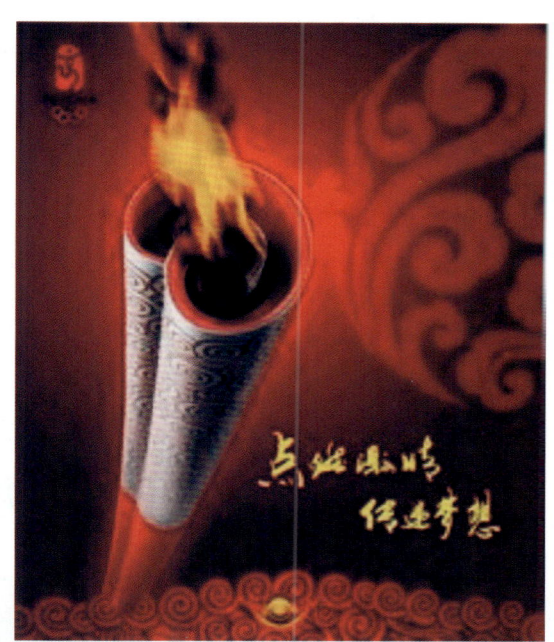

2008年北京奥运会火炬

队长兼总教练：王勇峰　　　副队长兼副总教练：罗申　　　副队长兼副总教练：尼玛次仁

教练：次落　　　教练：李富庆

（2）人员介绍。自1960年5月王富洲等3位英雄创造从北坡首登珠峰至今，已有100多位优秀的中华儿女登顶珠峰。此次，队长兼总教练王勇峰是世界著名登山家，是中国首登世界七大洲顶峰的"双子星"之一；副队长兼副总教练罗申、尼玛次仁，教练次落、李富庆都是著名的中青年登山家，都有登顶珠峰的经历；队员中有9名拥有登顶珠峰的经历，1978—1988年出生的队员都拥有攀登海拔8 000m以上山峰的经历。

科技的进步、登山设备的更新及气象预报准确性的全面提高是登山成功的重要条件，也是珠峰圣火传递成功的保证。

三、圣火传递　胜利登顶

1. 登顶前的充分准备

为保证珠峰圣火传递成功，队员们在4月10日前打通了海拔7 790m和8 300m营地道路，成功运输了70t的供应物资，为此他们付出了巨大的努力，尤其是西藏登山学校的年轻学子们受到王勇峰队长的高度赞扬。

此次登顶珠穆朗玛峰配备了8名专业的高山摄影师，负责拍摄高清画面。

做好准备

2. 北京奥运会火炬传递

北京奥运会火炬境外传递总行程 9.7 万 km，火炬手 2 000 多名，历时 33 天。2018 年 3 月 24 日，在希腊奥林匹亚举行北京奥运会圣火采集仪式，随后进行希腊境内传递。3 月 30 日，在雅典举行圣火交接仪式。3 月 31 日，圣火抵达北京，在北京举行隆重的欢迎圣火进入中国仪式和北京奥运会火炬接力传递

张志坚答记者提问

正式启动仪式。4 月 1 日—5 月 3 日，举行北京奥运会火炬接力境外传递。5 月 3 日，奥运圣火结束境外传递从三亚开始境内传递。

3. 北京奥运会圣火珠峰成功传递

北京奥运会圣火珠峰传递活动总指挥李致新在大本营发布命令：2008 年 5 月 8 日 0 时 30 分，登山队从突击营出发冲顶珠峰。中国登山协会张志坚博士和中央电视台著名主持人张泉灵负责大本营直播。中国登山协会马欣祥与中央电视台主持人在北京进行直播。

5 时 50 分有 5 名突击队员通过"第二台阶"的"中国梯"，6 点 40 分全部 19 名队员通过"第二台阶"的"中国梯"，向珠峰挺进。

距顶峰 30 m 处，队员罗布占堆用火种灯点燃引火棒，吉吉（女）点燃第一棒，接着依序王勇峰

点燃第二棒,第三棒是尼玛次仁,第四棒是黄春贵,第五棒是次仁旺姆(女)。

2008年5月8日上午9时17分,19名冲顶队员全部登顶珠峰,2008北京奥运圣火在世界之巅珠峰传递,谱写了奥运圣火传递的奇迹。

罗布占堆	吉吉(女)	王勇峰	尼玛次仁	黄春贵	次仁旺姆(女)
点火	第一棒	第二棒	第三棒	第四棒	第五棒

北京奥运会珠峰火炬传递顺序

 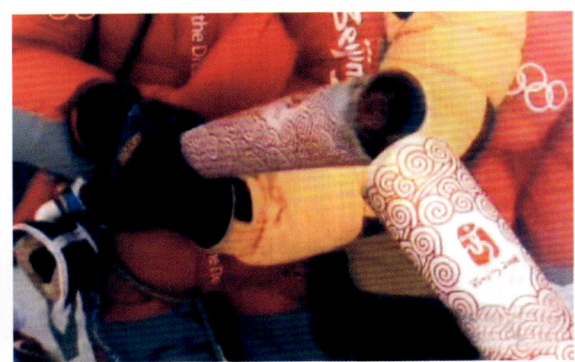

奥运圣火在珠峰传递

5月8日上午10时15分,总指挥李致新命令队员们从顶峰依序下撤,以确保安全。队长王勇峰更是严格要求,抓好下撤过程中的每个细节,确保全员安全才是真正圆满地完成使命!

李致新等在大本营作出决定,为确保登顶队员下撤的安全,在海拔8 300m、7 790m、7 028m三个营地分别安排了5名、6名、6名队员负责接应,以确保全体登顶队员平安返回大本营。

当日20时30分全体队员安全撤至海拔7 028m,稍作休整后全体撤至海拔6 500m营地,次日胜利返回大本营,受到广大群众的热烈欢迎。

顶峰合影

队员们在大本营受到热烈欢迎

北京奥运火炬接力珠峰传递活动令世界瞩目,这是奥林匹克运动和登山运动在世界之巅的第一次亲密接触,这是英雄团队精诚合作奏出的凯歌,这是世界登山史上空前壮阔的诗篇!这是奥林匹克精神的胜利!这是人类挑战极限的又一伟大壮举!

顶峰展示旗帜

第十章　新世纪的风采

地大登山队，珠峰美名传。
新登"7＋2"，高校史无前。

第一节　出色代表

一、与登山有缘的袁复栋

来自青海黑瘦而挺拔的农家小伙子袁复栋是中国地质大学（武汉）2005 级本科生。2006 年 5 月加入校登山队后，他为增强体能和耐力，每天坚持跑步 20 圈。

2006 年 9 月，袁复栋随学校登山队登上了海拔 6 178m 的青海玉珠峰，初尝登顶高海拔雪山的快乐。

2007 年袁复栋入选 2008 年北京奥运会珠峰火炬传递接力登山集训队，成为中国地质大学（武汉）3 名入选集训队的幸运儿之一，与全国 6 所高校的 15 名队员一起接受严格的大运动量的训练。刻苦、坚强且拥有充沛体力的袁复栋最终成功地成为 2008 年奥运火炬珠峰传递的 3 名冲顶大学生之一，并于 2008 年 5 月 8 日登顶珠穆朗玛峰，高高举起奥运圣火。

未脱下战袍的袁复栋又连续奋战，于当年 9 月再次登顶海拔 8 201m 的世界第六大高峰——卓奥友峰，创造了在校大学生一年内登顶两座 8 000m 高峰的纪录。

袁复栋 2008 年 5 月在珠峰顶高举奥运火炬

二、受习总书记称赞的陈晨

外表清丽阳光,内心坚韧刚强的武汉姑娘——陈晨,是中国地质大学(武汉)体育运动训练学专业的学生。本科阶段她就凭着永不言弃的精神入选校登山队,经过8个月的艰苦训练,陈晨有幸参加了2008年9月攀登海拔8 201m的世界第六大高峰——卓奥友峰的活动。

2012年中国地质大学筹备60周年校庆活动,攀登世界第一高峰自然成为庆祝活动的重头戏。陈晨毫不犹豫地报名参加了中国地质大学登山队。经历了两年多的刻苦训练和多次筛选,陈晨成为登顶珠峰第一梯队4名突击队员之中的唯一女性。在著名登山家、地大校友李致新和王勇峰等的指导下,中国地质大学登山队克服缺氧、干燥、暴晒、寒冷、失眠、枯燥等困难,4名队员于2012年5月19日成功登顶珠峰。充分展示了当代大学生勇攀高峰的豪气、敢为人先的勇气、攻坚克难的朝气和勇于担当、百折不挠的团结奋斗精神风貌。中国地质大学登山队成为世界登山史上第一支由在校师生独立组队登顶珠穆朗玛峰的队伍,陈晨也成为第一位登顶珠峰的中国在校汉族女大学生。

陈晨攀登卓奥友峰途中

陈晨汇报

2013年五四青年节,习近平总书记参加"实现中国梦、青春勇担当"主题团日活动。听完陈晨"追求卓越,梦登珠峰,实现梦想"的汇报后,习近平总书记说:"陈晨同学,我是非常敬佩的,对于珠穆朗玛峰,我可以说是高山仰止,景行行止,虽不能至,心向往之。有这种精神,我相信你今后人生的事业一定会在这种精神的砥砺下勇往直前,不断地攀上人生新的高峰。我祝愿你。"

目前,陈晨正在攻读博士学位,攀登人生中的另一座"珠峰",并参加了中国地质大学登山队的"7+2"登山科考征程,登顶了欧洲最高峰并徒步到达了北极点。

三、西藏高原上的新明珠——德庆欧珠

说起德庆欧珠这颗"新明珠",他的登山业绩令人刮目相看。

2006年,18岁的德庆欧珠登顶珠穆朗玛峰,成为国内登顶珠峰最年轻的登山者之一;2007年他再次登顶珠峰,续写辉煌;2008年他入选北京奥运会珠峰火炬传递接力登山队,是19名登顶珠峰战将之一;2012年5月19日,他作为中国地质大学登山队的队员再次登顶珠峰,创造了4次登顶珠峰的骄人伟绩。

4次登顶珠峰的德庆欧珠被保送研究生后,全程参加中国地质大学登山队"7+2"登山科考活动。他以独有的登山天赋和身体素质,以及坚毅勇敢、团结协作、先人后己的良好品质,成为"7+2"登山科考活动主力队员之一,荣获中国地质大学"登山运动杰出贡献奖"。

德庆欧珠

四、年轻的登山人次仁旦达

西藏小伙子次仁旦达,16岁起在西藏登山学校度过了6年高山登山生涯,受过全方位的登山训练和实践考验。同时,他作为骨干队员,全程参加了中国地质大学"7+2"登山科考活动。他曾先后3次登顶珠峰,2013年被《长江日报》评为湖北大学生年度人物。

特别是在2008年5月的奥运火炬珠峰传递活动中,他冒着生命危险,拿着5.6kg的微波仪,在海拔8800m的高峰处,寻找最佳位置,以保证珠峰圣火传递信号的通畅和精彩画面传向世界各方,最终圆满完成任务。为此,他的手腕上留下了永久的冻伤痕迹。他坚毅、勇敢、执着、乐于奉献的精神是大家学习的榜样。2009年9月,他被保送至中国地质大学(武汉)深造,2012年成为中国地质大学登山队登顶珠峰的主力队员,也是全程参加并完成登山队"7+2"登山科考活动主力队员。

由于2012年登顶珠峰,次仁旦达获得中国地质大学"登山运动杰出贡献奖",破格保送攻读研究生,专攻高山摄像和摄影,希望用镜头记录人类攀登高海拔雪山的壮举。

次仁旦达

五、登山指挥员、实践家——董范教授

董范出身于体育世家,受家庭熏陶从小热爱运动。他1983年从武汉体育学院毕业到地大任教,便开始在老教师的带领下接触登山,第二年就有幸跟随中国登山队攀登海拔6 282m的阿尼玛卿山。然而进山第二天董范就被严重的头痛、呼吸困难、无法进食等高山反应击倒,但恢复后,就被领导指派护送胃穿孔的队友下山而放弃登顶机会,队友因为送治及时幸运脱险令他十分欣慰,同时也使他深受"无兄弟不登山"团结互助精神的启迪和熏陶。

2012年中国地质大学攀登珠峰总指挥董范教授

1985年、1988年,董范两次受中国登山协会选派去日本学习登山和户外运动技术与理论。加之长期的登山实践,他逐渐形成了"高山可敬畏,一切服从大局""登山不是凭体力,科学训练是关键,掌握先进技术是手段"的科学登山理念。

2010年,为庆祝中国地质大学成立60周年,董范经过慎重考虑和科学论证,提出在2012年由地大在校师生单独组队攀登珠峰的计划,以传承和弘扬地大优良的登山传统,得到学校批准。经过两年的艰苦努力,他以51岁的"高龄"亲任地大珠峰登山队总指

中国地质大学登山队成功登顶珠峰队员
(左起:次仁旦达、德庆欧珠、董范、陈晨(女))

挥，并亲率3名学生克服千难万险，于2012年5月19日成功登顶珠峰，成为中国高校第一位登顶珠峰的教授。

攀登珠峰获得成功后，他又提出"7＋2"登山暨科考计划，在四年多的时间里，他带领中国地质大学登山队攀登世界七大洲最高峰并徒步到达南极点、北极点。登山队已于2016年12月胜利完成"7＋2"登山暨科考计划，创造了世界上首支由在校师生组队并完成"7＋2"壮举的大学登山队。

第二节　登上珠峰

一、学校决定单独组队登珠峰

21世纪以来，中国地质大学登山队员已十余次"零事故"登顶海拔5 000m以上的高海拔雪山。正是在这些卓越成绩的基础上，学校果断同意由本校师生单独组队攀登珠峰，向校庆60周年献礼！

全体登山队员在珠峰下合影

二、政府、媒体、企业、校友、民众等热情支持

国家体育总局登山运动管理中心主任、著名登山家、校友李致新不仅亲自协调中国地质大学登山队攀登珠峰的各项申请事务，而且亲临珠峰大本营指挥登顶行动；著名青年登山家次落亲任珠峰登山队队长。

李致新大本营指挥

次落任队长

西藏登山协会和西藏登山学校为中国地质大学登山队进藏训练提供了大力支持。

武汉市体育局领导、《长江日报》领导、中国地质大学校领导率团前往珠峰大本营慰问,许多武汉市民也自发前往大本营看望登山勇士。

西藏登山协会领导尼玛次仁向地大登山队献哈达

武汉市体育局和《长江日报》领导慰问(邹谨摄)

学校慰问团与登山队员们合影(曹志凯摄)

湖北省媒体对中国地质大学登山队攀登珠峰的活动高度重视,与中国地质大学登山队进行了全方位的合作并予以全力支持,同时派出了由《长江日报》随队记者邹谨、《湖北日报》随队记者王晶、《楚天都市报》随队记者陈博雷组成的随队记者团,对攀登珠峰活动进行全程报道。

《长江日报》随队记者：邹谨　　《湖北日报》随队记者：王晶（左）《楚天都市报》随队记者：陈博雷（右）

攀登珠峰随队报道记者团

武汉市经济发展投资（集团）有限公司、北京奥索卡体育用品有限公司、武汉市体育局、武汉昝得科技有限公司等十余家企业给予了资金或装备的大力支持。

三、珠峰科考工作

珠峰科考队员在陈刚教授的带领下,发扬老一辈科考队员追求卓越的精神,对珠峰地区进行了卫星定位及地质、环境、测量等多学科考察与研究。

实地踏勘代号"Ⅲ7"的珠峰测量控制点（曹志凯摄）

采集水样（邹谨摄）

陈刚教授进行卫星定位

四、艰难的攀登

攀登珠峰,智慧、勇气、毅力、机遇缺一不可。珠峰地区变化无常的恶劣天气令中国地质大学登山队的准备工作屡屡受阻,7 790 m营地与8 300 m营地迟迟不能建成,给养、装备无法运送到位。为抓住冲顶的最佳"时间窗口",登山队经过紧急会商决定:取消原先的7人攻顶计划,改为5人组成突击队,4人冲顶,以降低运输食品、氧气和装备的压力;突击队与运输队同时由7 028 m营地向上进发,边运输边建营。这一基于科学判断作出的大胆决策为中国地质大学登山队赢得了宝贵的时间,把握了最佳的时机,为成功登顶奠定了基础。

运输队向高海拔营地运输物资

牦牛掉进冰裂缝中

海拔6500 m的煨桑仪式

冲顶组成员、总指挥董范和队员陈晨在海拔6 600 m左右处更换冰雪装备

海拔7 028m攀越极限

珠峰冲顶途中——海拔7 790m冰岩混合地带

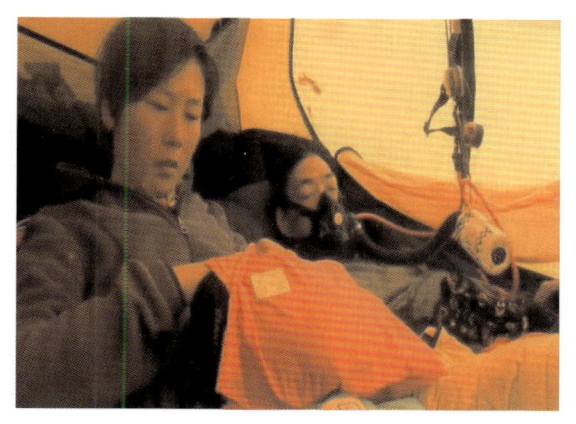
海拔8 300m突击营地休息

攀越"第二台阶"(次仁旦达摄)

五、成功登顶珠峰

2012年5月18日,中国登山协会常务副主席、中国地质大学(武汉)校友李致新从北京日夜兼程赶到珠峰大本营,通过电台现场指挥冲顶行动。

2012年5月19日8时16分,登山队4名队员成功登顶珠峰。队员们在珠峰顶向母校师生报告:世界之巅、共庆华诞。向全体校友报告:甲子华章、世纪腾飞。向伟大祖国报告:地质找矿、再创辉煌。他们在世界之巅留下了展示国旗、校旗的珍贵照片,并向地大师生以及武汉市民送上祝福:祝大家身体健康、生活幸福!

2012年5月19日8时,国务院总理温家宝同志回到母校视察,在师生报告会之前,喜闻中国地质大学登山队登顶珠峰,他盛赞中国地质大学登山队的壮举并指出:"只要不畏艰苦和挫折,就一定能到达光辉的顶点,这应该是我们的传统。"

中国地质大学登山队成功登顶珠峰,创造了世界上第一支由在校师生组成的大学登山队独立登顶世界第一高峰的记录,培养了一批新时代的登山科考领军人物,造就了一支"敢为人先,追求卓越"的优秀团队,彰显了中国地质大学的登山精神,传承了中国地质大学优良的登山科考传统。

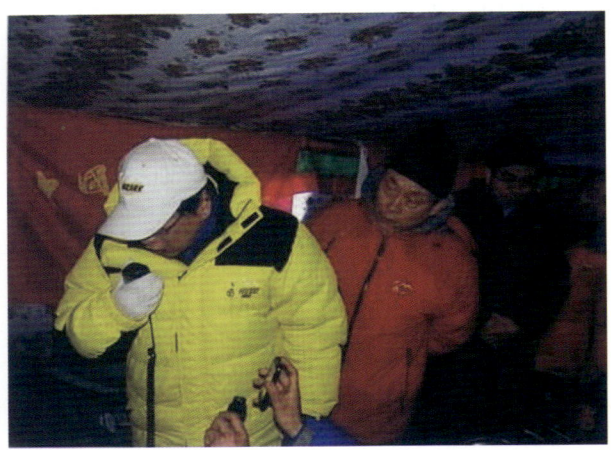

中国登山协会常务副主席李致新、中国地质大学(武汉)党委副书记傅安洲、中国地质大学(北京)副校长王果胜等在大本营指挥登顶(牛小洪摄)

董范、陈晨在登顶珠峰途中

世界之巅展示中华人民共和国国旗　　　　　　世界之巅展示武汉精神旗帜

世界之巅展示中国地质大学校旗　　　　　　世界之巅展示中国地质大学登山队队旗

（从左至右：次仁旦达、德庆欧珠、董范、陈晨）

第三节　面向世界——地大"7＋2"登山暨科考活动

中国地质大学登山队提出：我们登山和科考的步伐不会止步于珠峰，将继续"勇攀世界高峰"的征程——实施"7＋2"登山暨科考计划，即攀登七大洲最高峰，且徒步到达南北两极点的极限探险科考活动。

2013年7月10日晚，中国地质大学"7＋2"登山暨科考计划实施启动仪式举行。中国地质大学领导、中国地质大学登山协会领导、武汉经济发展投资（集团）有限公司领导、长江日报报业集团领导及武汉电视台等单位负责人参加了仪式。中国地质大学（武汉）党委副书记傅安洲代表学校讲话，感谢社会各界继续关心、关注和支持中国地质大学的"7＋2"登山暨科考活动，他说，只要我们敢于有梦、勇于追梦、勤于圆梦，"7＋2"登山暨科考的梦想就一定能够实现！

"7+2"登山暨科考计划启动仪式

中国地质大学登山队"7+2"计划

一、欧洲最高峰——厄尔布鲁士峰

厄尔布鲁士峰是欧洲最高峰，有诸多美丽的传说，也是世界著名的登山旅游胜地。

2013年7月，中国地质大学厄尔布鲁士峰登山科考队组建完毕。

队长：董范

政委：刘锐（女）

副队长：牛小洪

队员：陈晨（女）、宋红、德庆欧珠、次仁旦达

科考队员：邹胜利

随队记者：《长江日报》周谨，湖北电视台陆非、甘昕

2013年7月11日攀登厄尔布鲁士峰部分队员出发前在学校门前合影

队员到达厄尔布鲁士峰脚下矿泉城小镇合影

厄尔布鲁士峰营地设备齐全,旅游服务功能完善,但登山科考绝非易事。从海拔3 700m的突击营地向主峰攀登一般需要8小时,返程需6～7小时,对登山队员的体力和耐力要求都很高,途中有数百米地形险峻,十分危险,且多发雪崩和雷暴,即使在6—8月的最佳攀登季节,受冷暖气流影响,山上天气变化非常快。故准确的天气预报,优良的登山设备,全面的登山技术和良好的体力、耐力以及顽强坚毅的登山精神都是登顶成功的必备条件。

2013年7月13日,中国地质大学登山队抵达莫斯科,7月14日飞抵厄尔布鲁士峰山麓矿泉城后,辗转到达海拔3 700m大本营,并进行适应训练和科考工作。

全球变暖冰川退缩

中国地质大学登山队原定7月20日登顶的计划,因天气变化而不得不提前,以便抓住难得的登顶"窗口时间",获得登顶成功。7月18日凌晨4时45分队员们冒着狂风暴雪出发,经过四个半小时的奋力攀登,当地时间7月18日9时6分(北京时间13时6分),董范、陈晨、宋红、德庆欧珠、次仁旦达、牛小洪6名队员全部登顶成功。队员们在兴奋中展示国旗、校旗、队旗、武汉精神旗帜。

厄尔布鲁士峰顶展示国旗

厄尔布鲁士峰顶展示校旗(次仁旦达摄)

厄尔布鲁士峰顶展示队旗(由左至右：次仁旦达、宋红、董范、陈晨、德庆欧珠)　　厄尔布鲁士峰顶展示武汉精神旗帜(由左至右：宋红、董范、陈晨)

成功登顶厄尔布鲁士峰,全面反映了中国地质大学登山队队员们的良好登山素质,受到当地向导的高度赞扬。随队记者们全面报道了登山队弘扬武汉精神和登山精神的事迹,全国多家媒体转载了报道。

二、非洲最高峰——乞力马扎罗山

2014年2月2日中国地质大学登山队迎来"7+2"登山科考的第三站,出征非洲最高峰——乞力马扎罗山。此次活动也是纪念中国与坦桑尼亚建交50周年的活动之一。

队长:董范

副队长:牛小洪

队员:周云、李伦、德庆欧珠、次仁旦达

科考队员:陈刚(教授)

随队记者:《长江日报》邹瑾

乞力马扎罗山是非洲第一高峰,也是世界最大的独立式山脉,海拔5 895m,被誉为"非洲屋脊"。在这个炎热的地区,却拥有完整的、由低至高的生物垂直自然带,其高山雪景与冰窟堪称世界奇景。

中国地质大学登山队穿越湿地、戈壁、丛林,除自然科考之外,还特别重视人体自身的科学研究,在不同海拔高度采集登山队员的生理指标,开展登山户外运动的人体科学相关研究。

2014年2月9日11时45分(北京时间)中国地质大学登山队,登顶海拔5895m非洲最高峰——乞力马扎罗山主峰(乌呼鲁峰)。

《长江日报》随队记者对乞力马扎罗山登山活动中的中国地质大学登山队的精神和风采进行了全方位报道,在非洲最高峰留下了真实的记录。

中国地质大学(武汉)领导为出征乞力马扎罗山的登山队员送行

在坦桑尼亚举行出征仪式

行进中的登山科考队

顶雨雪战寒风直上顶峰

中国地质大学登山队成功登顶乞力马扎罗山展示队旗

中国地质大学登山队成功登顶乞力马扎罗山展示武汉精神旗帜

三、大洋洲最高峰——科修斯科峰

科修斯科峰位于澳大利亚东南部,海拔 2 228m。从世界范围看是七大洲海拔最低的"最高峰"。

队长:董范

副队长:牛小洪

队员:李伦、德庆欧珠、次仁旦达、宋红、何鹏飞、马丽娟(女)

队医:刘亚飞

随队记者:《长江日报》邹瑾

中国地质大学登山队队员从学校出发

2014 年 9 月 17 日,中国地质大学登山队由武汉出发,9 月 18 日抵达悉尼,进行各项准备和野外徒步拉练。9 月 21 日赶赴科修斯科峰。在分析气候与队员状态等综合因素后,队长董范果断决定将冲顶时间提前至 9 月 22 日。

9 月 22 日凌晨白雪皑皑,茫茫雪原,除队医外,全队 9 人顶风冒雪奋力前行。

2014 年 9 月 22 日 13 点 52 分(北京时间)全队 9 人全部登顶澳洲最高峰——海拔 2 228m 的科修斯科峰。

攀登途中

四、南美洲最高峰——阿空加瓜峰

2015年1月19日,中国地质大学登山队以7天登顶南美洲最高峰阿空加瓜峰的优异成绩,创下最快的攀登速度,得到当地向导的高度赞誉。

队长:董范

科考队:陈刚

副队长:牛小洪

队员:李伦、德庆欧珠、次仁旦达、宋红、何鹏飞

随队记者:《长江日报》邹瑾

中国地质大学登山队队员从北京机场出发

阿空加瓜峰是南美洲最高峰，攀登难点甚多，不仅有"世界三大难登岩壁之首"的称号，还有高空强风和预示天气变化的超巨型蘑菇云等。

2015年1月14日，中国地质大学登山队一行8人到达阿空加瓜峰小镇（海拔2 400m），经过适应性训练后，队员们顽强奋斗，于1月15日15时12分抵达海拔4 300m大本营。

登山队在行进中

据天气预报，1月19—20日阿空加瓜峰海拔6 600m以上风速达40～50km/h，1月21—22日，风速大于70km/h，1月23日天气良好风速低于20km/h。

科考照片

董范队长决定将1月19日作为冲顶日,将传统的大本营以上的3个营地(海拔分别为4 900m、5 400m、6 000m)缩减为两个营地(海拔5 200m、6 000m),万一1月19日因天气原因登顶失败,1月23日可再次组织登顶。副队长牛小洪留守大本营,负责前后方联络与接应,其他队员则向海拔5 200m攀登。

攀登道路崎岖难行,冷风吹在脸上犹如刀割。经过5个多小时的顽强拼搏,当队员们到达海拔6 500m的大风口时,天气突变。出于全队安全考虑,董范队长决定和陈刚教授(科考勘查任务已基本完成)向海拔6 000m营地撤退,做好接应准备,由年轻、体力好的李伦率领宋红、德庆欧珠、次仁旦达、何鹏飞克服一切困难继续冲击顶峰。

5名穿着冰爪鞋的队员在疾风难行的岩石冰碛路上相互照应,艰难地一步步地苦苦攀登。终于在当地时间1月19日12时成功登顶海拔6 962m的阿空加瓜顶峰。

登顶成功

大本营的庆功会

五、北美洲最高峰——麦金利峰

麦金利峰位于美国阿拉斯加州的中南部,为北美洲第一高峰。

队长:董范

副队长:牛小洪

队员:李伦、宋红、德庆欧珠、次仁旦达、何鹏飞

中国地质大学登山队共7人,于2015年5月31日从武汉启程,踏上攀登麦金利峰的征程。

麦金利峰靠近北极,攀登途中有冰裂缝、冰川等险阻,也是世界诸峰中攀登相对高差最大的山峰,加之高山刺骨的寒风强流,因此攀登难度非常高。麦金利山设有5个高山营地。

2015年6月2日,队员们从2号营地出发翻越两座雪山才上升400m,达到3号高山营地(海拔3 350m)。由于暴雪突降,一夜之后帐篷几乎被白雪掩埋了。

队员们合影留念

雪地艰难跋涉

风雪下的帐篷

2015年6月6日天空放晴，队员们（还有其他登山队）小心翼翼地穿过悬崖，跨过冰裂缝，马不停蹄地向4号营地进军。

在4号营地管理中心了解到此时5号高山营地"风大，冲顶很困难"。经全队认真讨论，董范队长决定，由李伦带领4名队员尝试突击5号高山营地，董范队长和牛小洪副队长留守4号营地，做好后勤保障和接应工作。

经过5小时30分钟的艰苦攀登，5名冲顶队员终于到达5号高山营地，并自建了帐篷，做好第二天登顶的各项准备工作。

登顶征途

成功登顶

登顶风采　　　　　　　　　　　　登顶队员展示队旗

2015年6月9日,无风,太阳也出来了,队员们兴奋无比,立即启程,继续向上攀登。在冲顶过程中李伦拉伤大腿肌肉,何鹏飞体力不支,为不影响队伍冲顶速度,二人先后被迫下撤,由德庆欧珠、次仁旦达、宋红3人继续冲顶。6月12日12时36分,3名队员冲顶成功,在麦金利峰顶留下了中国地质大学登山队的奋斗足迹。

当日12时58分,3名队员在下撤途中,因浓雾几乎迷路。凭借丰富的登山经验和智慧,他们终于走出迷途,与接应的李伦、何鹏飞一同下撤至5号营地。考虑到风雪不断加大,5人决定在5号营地休整一晚,抓住6月13日4时至10时天气相对好的高山规律,队员们紧跟其他下撤登山队的GPS导航,终于在当天22时38分安全返回大本营。

六、徒步北极点

队长:董范

副队长:牛小洪

队员:陈晨(女)、德庆欧珠、次仁旦达、何鹏飞

2016年4月13日队员们乘机由挪威首都奥斯陆飞往朗伊尔城,该城是研究北极的中心,有知名的斯巴瓦尔德大学,也是全球的种子基因库。当地煤矿资源丰富,却不属于任何国家,由挪威进行管理。这是一个不足2 000居民的小镇,方圆几十平方千米却有3 000多头北极熊自由出没,人员离开小镇需要携带猎枪,以防北极熊伤人。中国地质大学登山队在此做了充分的物资准备。

由于全球变暖,北极冰层融化加快,冰层不稳定,飞机无法降落。几经周折,2016年4月17日,北极徒步队员才从朗伊尔城飞抵久盼的博内奥营地。因该地冰层不稳定正在逆向漂移,故队员们取消休息从博内奥营地直接换乘直升机飞往徒步起始点。

2016年4月18日队员们一觉醒来,冰层向北极点漂移了1.7km。因为极度寒冷,队员们无法入睡,只能喝酒取暖。有天早上起来,发现距离帐篷不到10m处已出现了大冰裂缝,想想都让

出征北极点

人害怕。早餐后,队员们全副武装,穿着超厚保暖服,戴着面罩和雪镜,开始徒步。一路上寒风刺骨,体内的热气与外面的冷气碰撞,在面罩、衣领等处结成冰晶。由于对滑雪板和雪鞋的不适应,北极徒步队员走起来特别费劲,且雪下还隐藏着许多上面看不到的冰裂缝。有的队伍因有人脱掉滑雪板行走而掉进冰裂缝不得不取消了徒步计划。所以队员们都小心翼翼,互相帮助,克服困难,稳步挺进。

飞抵朗伊尔城

跨越冰裂缝

2016年4月24日当地时间15时57分(北京时间1时57分)历经7天的艰辛与磨难,6名队员战胜各种困难,平安到达北极点,结束了充满艰险的北极点探险之旅。

向北极点前进

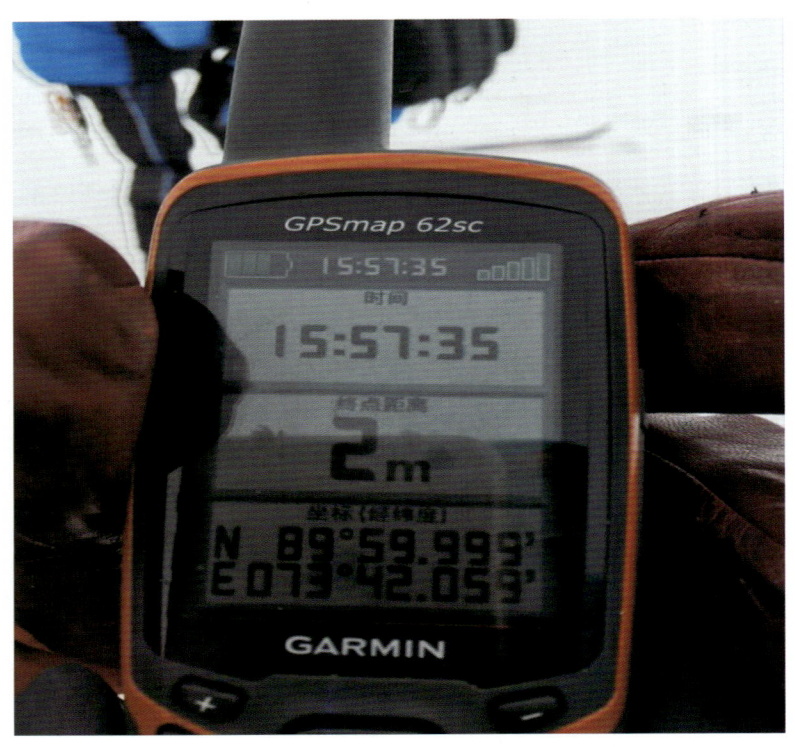

GPS 显示到达北极点

北极点展示国旗、校旗、队旗

七、南极洲最高峰——文森峰

文森峰,海拔 4 897m,位于南纬 78°35′、西经 85°25′,是在约 2 000m 的冰床上突起的高山,文森峰不仅是南极洲最高峰,也是七大洲最高峰中最后被人类征服的高山,被称为"死亡地带"。

文森峰

文森峰是世界上最干净的山峰,登山科考队员所有的垃圾都不能乱丢,尿液只能倒在插有黄色旗的洞里,粪便只能存储在已经准备好的垃圾袋里,并且要带回大本营集中后,用飞机运出去。

文森峰下撤途中,队员背包后面的黑色塑料袋是随身携带的垃圾

1. 出征

2016年12月2日,中国地质大学登山队6名队员(其中5名队员参加过文森峰的攀登)在学校教师和同学们的祝福声中踏上南极征程。

队长:董范

副队长:牛小洪

队员:德庆欧珠、次仁旦达、何鹏飞

经过23小时20分钟的飞行,登山队分别经由巴黎、达拉斯转机智利首都圣地亚哥,并立即飞往蓬塔阿雷纳斯。在领取了极地装备,采购物资,学习安全、环保、行程等要求后,等待适合飞行的天气,于当地时间12月8日飞往文森峰大本营。

出征南极(中国地质大学(武汉)体育馆前合影)

到达联合冰川　　　　　　　　　　　　科学考察同步开展

文森峰大本营

2. 攀登

2016年12月9日凌晨6时,中国地质大学登山队从南极营地向文森峰出发。在-30℃～-40℃的极寒环境中,由于沿途的冰裂缝太多,即使是休息,队员也需保持结组绳在绷直受力的状态以保证安全。经历了7小时58分,队员们才抵达海拔2 700 m的1号营地。

经过与极寒天气和冰陡坡、冰裂缝等恶劣环境拼搏,全体队员于12月11日抵达海拔3 700 m的2号营地。

由大本营向1号营地挺进

前往2号营地途中的"大雪坡"

整理冰爪迎接下一个雪坡

由 1 号营地向 2 号营地攀登

12 月 12 日是原计划的冲顶日,但是大雾弥漫,极有可能迷路,不具备冲顶的条件,队员们只能静静地等待……

12 月 13 日,有风,但雾渐散,登山队紧急决定抓住时间窗口冲顶。雾时不时挡住太阳,队员们尽管穿着专业的羽绒衣裤也仍感寒冷。此时雾越来越大,还刮起大风,坏天气提前到来了。两名年长队员体力不支决定结伴下撤承担接应任务,3 名年轻队员马不停蹄地继续攀登,希望抢在大风来临之前登顶。但还是在行进 4 小时后遇上了大风,尽管队员们是结组行进,仍被风吹得像

文森峰顶展示国旗

在跳舞,顶峰的风速高达 20m/s。经过 6 小时 25 分钟艰苦卓绝的努力,于北京时间 12 月 14 日 2 时 30 分,登山队 3 名队员成功登顶南极洲最高峰——海拔 4 897m 的文森峰。队员们的手指、脸部都出现了轻微的冻伤。

回到联合冰川营地,营地管理员和国外登山科考队员都赞叹中国地质大学登山队队员在如此极端恶劣的条件下还能够登顶,纷纷前来表示祝贺!

文森峰顶展示校旗

文森峰顶展示武汉市精神旗帜

八、徒步南极点

南极点位于南纬90°，徒步时周围温度-40℃～-60℃。在挑战极限时，队员们不仅要应对千变万化的恶劣气候，还要全程负重前行，需要极大的毅力和耐力。

中国地质大学登山队在完成文森峰的攀登后，稍事休整便立即投入到南极点的徒步科考活动中。队员们在极寒的环境中以滑雪的方式行进，在雪地冰面宿营。

睡冰卧雪

队长：董范

副队长：牛小洪

科考队长：陈刚

队员：德庆欧珠、次仁旦达、何鹏飞

2016年12月19日，队员们从南极联合冰川营地飞往89°S的徒步起始点，开始南极徒步。由于海拔高度由500m迅速上升到3 000m，温度由-15℃下降到-35℃，队员们手被冻麻，帽檐、雪镜、衣领无一幸免全部结冰，这是南极给队员们的第一个"下马威"。

途中小憩

不同于北极的凹凸不平，南极完全是平坦的，除了被大风肆虐过的痕迹，没有任何明显的参照物。队员们只能不时掏出暖在怀里的 GPS 瞄准方向，祈祷极寒天气下指引方向的 GPS 不要自动关机……

12 月 21 日，这是个特殊日子，14 时 33 分 33 秒，太阳直射南回归线，太阳距离地面的角度最大，白天时间最长，有薄雾，幸而没有风，队员们在极寒中行进。

在极寒中行进

科考测量设备也穿上了"羽绒服"，戴上了"暖宝宝"

12月22日，队员们原计划10时出发却因迷雾笼罩、狂风呼啸而被迫在原地等待，到下午4时才趁风稍小出发，艰难向前行进了18km。因为极度寒冷，途中大家的交流不多，摘下手套的手几秒钟后就冰凉、麻木。到了扎营点，搭完帐篷，队员们围坐在一起喝着"冰镇"白酒取暖，吃着行前亲人准备的油炸花生米，聊着自己的故事……

12月23日，终于迎来了阳光。在GPS的引导下，队员们向前推进了19.3km时，抬头突然看见正前方有个黑点，疑似南极点。队员们兴奋得加速行进了3小时后，才发现那是个临时避难所。其间，科考测量活动也如期完成。

12月24日，根据GPS的定位显示，距离南

"圣诞老人"的风采

极点还有25km。虽然阳光明媚，但阳光终究抵不住寒风，队员们都穿上了大羽绒服、羽绒裤徒步。由于极寒，队员们途中的休息时间每次都控制在5~7分钟，拉开防风的外套，由于热气没有

南极点展示国旗、校旗和武汉市精神旗帜

及时排出去,衣服里面都结了冰。在距离极点8.9km的位置,一连串的黑点出现,队员们的行进速度明显加快,气氛也开始活跃起来,每个人的面部、衣领早已结冰,颇有"圣诞老人"的风采。

智利时间2016年12月24日19时16分,北京时间2016年12月25日6时16分中国地质大学登山队,6名队员终于胜利抵达南极点。

2017年1月2日20时,登山队科考员们凯旋,受到热烈欢迎。

中国地质大学登山队成为世界上第一支由在校师生独立组队完成"7+2"登山科考活动的大学登山队,谱写了中国地质大学登山史上新的历史篇章。中国地质大学登山队以四年零七个月的时间圆满完成"7+2"登山科考任务,也创造了团队完成"7+2"的新的中国登山纪录。

武汉市万勇市长(左六)和刘英姿副市长(左八)等领导与登山队员合影

不同于商业登山,中国地质大学的登山自始至终都与科学考察紧密结合,意在研究与谋求人与自然的和谐。本次南极活动,考察了南极点附近的板块运动状况及地学特性,这对南极现代地壳运动和内陆冰盖及其动力学研究具有重要意义。

中国地质大学"7+2"登山科考活动数据汇总

"7+2"登山科考总结汇报大会登山队队员与领导合影

(1)直接参与人数:34人;历时1 756天。

(2)总行程(徒步行程):12万余千米,其中徒步距离720余千米。

(3)2次遭遇雪崩,2次迷路,3次遭遇暴风雪,4次遭遇-35℃及以下低温,5次险遇冰裂缝,6次出现冻伤,8次"巧遇"大风。

(4)中国地质大学登山队获"感动江城"2016年度团队称号;4人获"国家体育荣誉奖章";2人获"中国大学生年度人物"称号;2人获"湖北省大学生年度人物"称号;1人获"湖北省五一劳动奖章";1人获"武汉市三八红旗手"称号;6人获"运动健将"称号;20余人获"国家一级运动员"称号。

(5)中国地质大学登山队成为世界上首支由在校师生独立组队完成"7+2"登山科考项目的大学登山队。

(6)科研成果获取全球三大卫星导航系统的 20 天的静态数据观测和 32 天的动态数据采集,采集了各地雪样共 50 瓶、各类水样共 15kg、岩石标本 40kg,为我校地质工程、环境工程和测绘科学技术等专业研究人员提供了大量的一手科研数据与资料。

(7)5 年期间成功申报 2 项地学相关的国家自然科学基金项目,1 项省级教学成果一等奖,获批国家发明专利 2 项,发表重要期刊论文 10 篇。

(8)活动得到了 17 家企事业单位的大力支持。

(9)活动得到了包括中央电视台、新华社、《光明日报》《人民日报》《中国青年报》《中国体育报》等 50 余家新闻媒体的 200 余次报道。

第二篇 登山

登山赋

珠峰翘首兮世界之巅,北坡难登兮举世怀伤;
1960年兮北坡首登,三杰登顶兮中华威扬;
女队登山兮多创纪录,队长袁扬兮元帅表彰。

"七五"珠峰兮九人登顶,平凡英雄兮救人首赏;
科考收获兮硕果显丰,当年冰川兮奇景人迷;
十年重返兮荡然无存,艰苦奋斗兮科考破题。

中日尼联兮跨越珠峰,致新勇峰兮登占鳌头;
应美邀请兮登文森峰,李王立志兮七洲探幽;
历十一年兮七洲顶峰,"双子星"亮兮壮志终酬。

世纪交替兮次落成星,在校学生兮首登珠峰;
紧跟队长兮勇峰领军,诸极成功兮次落有踪。
奥运圣火兮珠峰传递,策划有功兮李王张丰;
完美实施兮勇峰立功,地大团队兮神武威风。
世纪新潮兮"诸极"雄起,领军之首兮董范狂飙;
一批新秀兮骨干多人,习总表扬兮陈晨扬娇;
登山精神兮继承创新,武汉精神兮群峰冲骄。
纪初圆梦兮"诸极"成功,地大登山兮世界首翘。

回首登顶兮欧洲先行,建国起步兮跟大哥风。
珠峰北坡兮世界争登,独步登顶兮三杰立功。
走向世界兮"双子星"风,继往开来兮地大争纷。
"7+2"扬名兮地大创新,当今世界兮登山争峰。

第三篇

探山

第十一章　探山史话

山中有史话，相传美如画。
探山寻其根，奥妙在策划。

第一节　粗犷的旅程

一、从山麓走出来的古人

关于人从哪里走出来，有诸多美丽奇特的传说。在对现代人的研究中，发现人主要是从山麓中美丽的山洞里走出来的。中国北京人遗址就是代表。专家估计山顶洞人生活在2万～3万年前。

山顶洞人

山顶洞人最早发现于1930年，1933—1934年中国地质调查所新生代研究室裴文中主持发掘。据放射性碳同位素测定，年代据今 18 865±420 年。

据资料显示前欧洲大陆最早出现的是穴居人,后来现代人战胜穴居人,导致穴居人灭绝。穴居人与现代人的共同祖先是非洲古人类,是探索人类的起点。

二、历史的真实记录——象形文字"山"的奥秘

文字是人类文明划时代的记录、文化发展的里程碑。象形文字"山"说明了山的形象,即大地隆起处称山,山是成群出现的。从最早的甲骨文—金文—篆文—隶书—楷书—草书—行书的发展过程中可以了解文字的演变,演绎人类文明的历史旅程。

三、古人的真知

高山中之石螺、贝壳、龙骨、树叶、树干等,最早引起古代采矿者及文人墨客等的关注,他们推论今日高山,乃昔日之海洋、湖泊。矿产资源的开发利用推动了人类社会的发展和文明的进步。

中国地质大学(武汉)校园中的化石林

四、科学探山认识深刻

现代地质学的问世推动了人类对山的深刻认识。从早期的水成派（岩石形成于海洋、湖泊的低洼地区）与火成派（火山作用是岩石形成的主因）的争论；到揭示内、外动力作用下，以内动力为主控制海陆变迁·构造成山；再到褶皱成山、断裂成山、隆升成山、火山活动成山；一步步逐渐揭示了山的形成本质。如华山、庐山、泰山等以断裂成因为主导，黄山为穹状隆升，是最大单体火山，位于非洲赤道附近。

断块成山——华山

穹状隆升成山——黄山

第二节　中国地质学家对山的探索

一、简要而形象的概括

著名区域构造地质学家杨巍然教授在对山进行了近60年的探索后提出以下观点。

1. 内力地质作用是山的"总设计师"

从地质学角度分析，山和山脉是内力地质作用、外力地质作用和重力均衡作用长期共同作用的结果。内力地质作用起主导作用，其中最重要的是构造作用，构造作用最基本的形式是挤压运动（合）和伸展运动（开）。挤压往往使地壳加厚，隆起成山；伸展则使地壳变薄，坳陷成盆。世界上绝大部分的山和山脉都是构造作用形成的，我们称之为构造成山。内力地质作用中另一值得重视的是岩浆成山，这种山的数量虽然有限，但它往往有岩浆物质的加入，特别是火山成山作用的速度非常快，相对高度大，非常醒目，世界上许多名山常与岩浆作用有关。所以总体而言，内力地质作用对山脉的形成起决定性的作用，故称其为"总设计师"。

"总设计师"的作品——青藏雄峰

2. 外力地质作用是山的"总美容师"

外力地质作用则相反，总体而言，它是要削平山脉，使其成为夷平面。它具有极强的刻画雕饰能力，使山和山脉呈现出千姿百态。同时在强烈的外力作用下，也可形成一些相对高差明显的小山，如冰蚀山。

"总美容师"的作品——江南山水

外力地质作用使中国西部高山受风雪等切削呈现出挺拔、坚毅之态,多具男人形象;使东部山峦在水流作用及植被优化作用下呈现出女性的柔美多姿,故称其为"总美容师"。

3. 重力均衡作用是山的"总调剂师"

重力均衡作用是英国数学家普拉特提出的一种假说,他认为在地壳内部某一个深度上存在一个等压面——均衡面,在均衡面负载的一个单位横切面上的直立柱体质量相等。因此山越高柱体的密度越小,海越深柱体密度越大。这个假说在重力测量中得到证实,被越来越多的人接受。因此当发生一次重大地质作用后,就会破坏平衡,如隆升过高,往往通过外力作用使其降低。如果发生非常强烈的差异风化往往会有助于局部地区新山的形成,称之为重力均衡成山。

由于重力的均衡作用,山慢慢由高变矮,相对平衡而稳定。重力起着最重要的调剂作用,故称其为"总调剂师"。

"总调剂师"的作品——奇峰异景(黄山奇景)

二、独特的中国地质构造探索

中国是世界地质构造最复杂的地区。它是三个巨大块体的交汇地,北为西伯利亚陆块,西南为印度陆块,东南为太平洋板块,是古亚洲洋、特提斯洋、太平洋三大洋盆体系及其诸多块体裂开、聚合长期演化的结果。复杂的构造成山,以及对中国山脉成因的探索,形成了多学派各抒己见、百家争鸣历史巨卷。

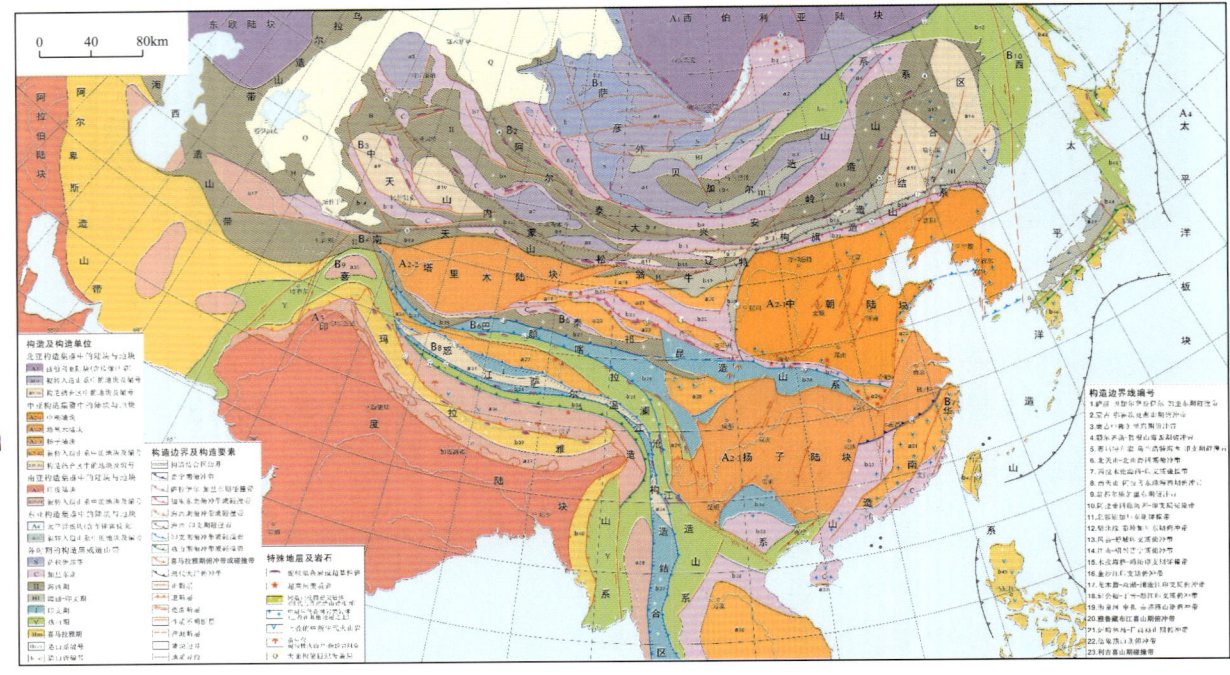

亚洲大地构造格架图
(据杨巍然等,2012)

三、老一辈地质学家对山的探索

现代地质学家们对山的形成、发展的认识有着精彩的分析和独到的见解。20世纪五六十年代中国的地质学家们提出了各自不同的观点,为推动中国区域大地构造的深化认识和发展作出了贡献。在1979年第二届全国构造学术会议上,许多地质学家对全球大地构造提出了自己独特的见解。主要代表人物如下。

20 世纪 30 至 70 年代中国大地构造研究的主要代表人物

姓名	照片	主要大地构造观点	简介
李四光 (1889—1971) 湖北黄冈人		建立了"构造体系"和"地质力学"概念，以"山字形构造"等独负盛名；提出新华夏构造体系和3个沉降带；对蜓科鉴定、中国第四纪冰川、石油开发等均有重大建树；提出对构造动力与地球自转和公转相关关系的科学论述	中国现代地球科学和地质工作的主要领导人和奠基人之一，著名地质学家、教育家、音乐家和社会活动家，教授，中国科学院院士
黄汲清 (1904—1995) 四川仁寿人		提出系统划分中国主要构造单元和大地构造旋回，创建了多旋回构造说，提出手风琴构造运动模式；1960年发表《中国地质构造基本特征的初步总结》，对石油开发有重大贡献	著名大地构造学家、地层古生物学家、石油地质学家、地质教育家，教授，中国科学院院士
张文佑 (1909—1985) 河北唐山人		长期研究断块地体与断块大地构造学，将地质力学与历史分析结合起来，提出中国构造的基本轮廓是断块构造特征，分3个阶段和10个发展时期，倡导断块开合特征	著名大地构造学家、地质教育家，教授，中国科学院院士
陈国达 (1912—2004) 广东新会人		活化构造学说和递进成矿理论的创立者，发现大陆地壳新构造单元并在此基础上创建了壳体大地构造学，发展成为地洼（活化）构造理论体系，在国内外广泛运用于找矿，取得显著成效。地洼学说的诞生被列入世界科学技术史年表	著名大地构造学家、地质教育家，教授，中国科学院院士

续上表

姓名	照片	主要大地构造观点	简介
张伯声 (1903—1994) 河南荥阳人		首次发现中国河南太古宙与元古宙不整合,命名"嵩阳运动",提出了"黄土线"概念,提出了"地壳波浪状镶嵌构造"学说,对第四纪地质和新构造有深入研究	著名构造地质学家、大地构造学家、地质教育家,教授,中国科学院院士
马杏垣 (1919—2001) 吉林长春人		中国区域大地构造学的创立者,组织不同比例尺区域地质填图,编写《中国区域地质》一书。1982年主持国际岩石圈计划,主编1∶400万中国邻近海区岩石圈动力学挂图一幅及多条地质大剖面。率先于1980年提出开合构造设想和研究方向,领导和指导地震地质学研究	著名的构造地质学家、地震地质学家、地质教育家,教授,中国科学院院士
王鸿祯 (1916—2010) 山东苍山人		历史大地构造学的奠基人之一,早年重视全球构造研究,提出了地球节律的普遍性和全球大陆基底构造单元划分与大陆聚散周期,全球构造名词体系;在珊瑚古生物研究领域与地质史学研究方面有突出建树	著名地质学家、地史古生物学家、地质教育家、地质史学家,教授,中国科学院院士
李春昱 (1904—1988) 河南卫辉人		最早从事区域地质调查的中国地质学家之一;全国1∶20万区域地质测量的业务主管,最早引入"板块学说"(与尹赞勋、傅承义院士合作翻译、著文);主编1∶500万亚洲地质和1∶800万亚洲大地构造图	著名区域地质学家、大地构造学家,教授,中国科学院院士

第三节 "板块构造"学说是海洋起家,难登大陆

一、海洋起家

20世纪60年代由于地球物理研究的发展,构造地质学得到了飞跃式进步。1961年美国地震地质学家迪茨提出海底扩张概念,1962年美国地质学家赫斯在同位素研究中发现海洋岩石不超过2亿年;1963年英国学者瓦因和马修斯通过对大洋中脊磁场对称性研究发现海底扩张,佐证太平洋扩张速率为5~17cm/a,大西洋扩张速率为12cm/a;1965年加拿大学者威尔逊提出"转换断层"的概念。

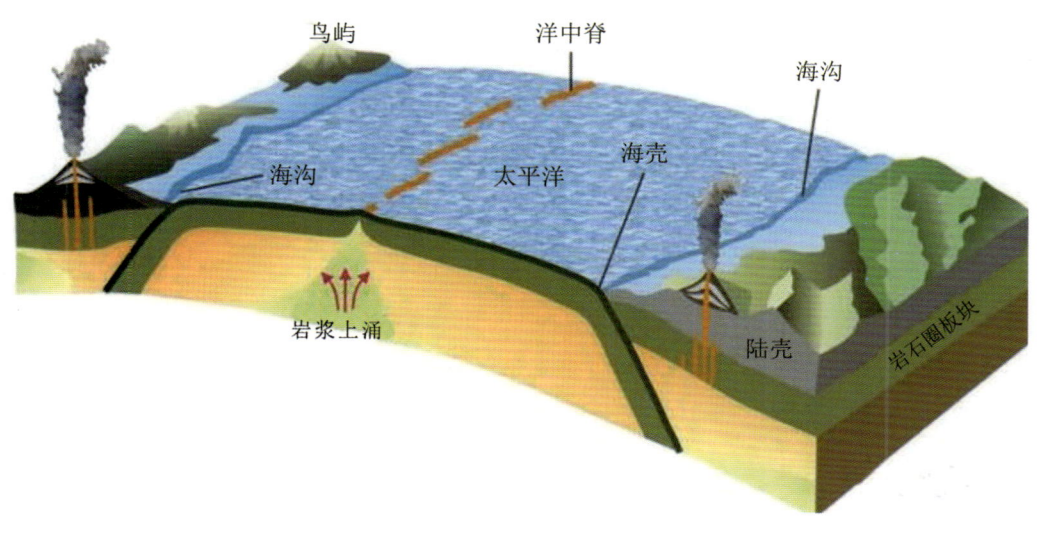

海底扩张

1968年剑桥大学麦肯齐和派克,普林斯顿大学摩根和拉蒙特观测所勒皮雄等联合提出了以海洋近代构造为依托的地壳构造板块学说,主要包括以下几点:

(1)地球可划分为六大板块。
(2)板块运移依据每年运移数据,最长可达上万千米。
(3)提出一套板块运动模式。
(4)提出地幔上涌是构造运动的动力来源。

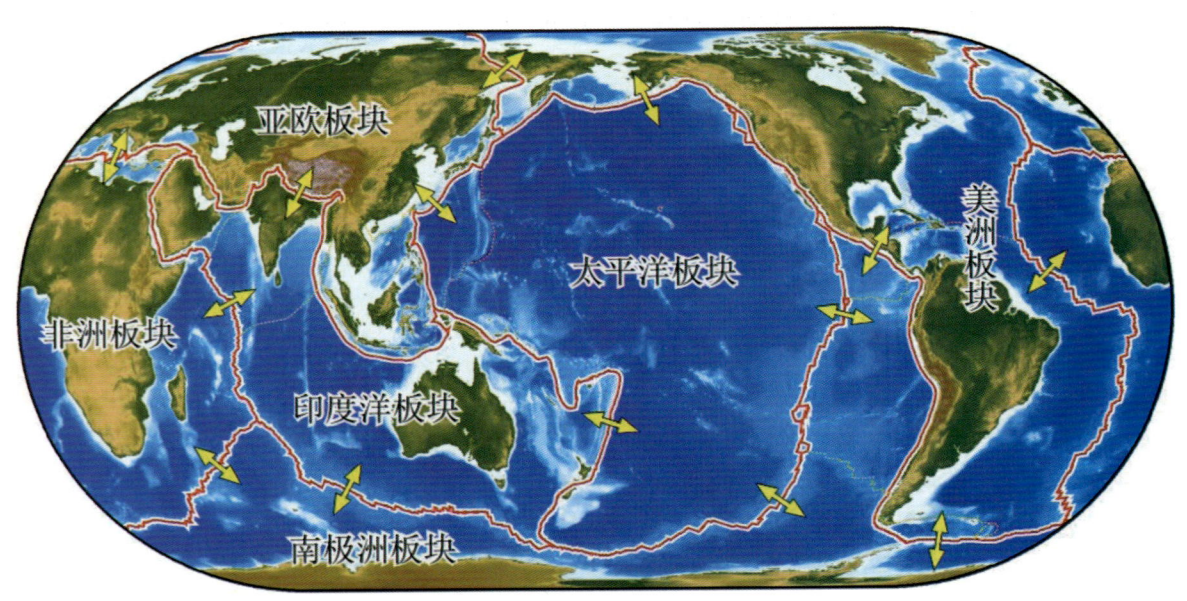

六大板块划分

二、难登大陆

1. 时空演化

大陆经过了漫长的时空演化，简单的海洋模式无法解决大陆时空演化长的难题。我国学者力图化解这一难题，提出更为合理的解析方法。

亚洲中部构造演化简表

时代		构造事件		
显生宙	新生代	喜马拉雅运动	喜马拉雅旋回	大陆盖层形成并演化
	中生代	燕山运动 印支运动	燕山旋回 印支旋回	
	古生代	海西运动 加里东运动 萨拉依尔运动	海西旋回 加里东旋回 萨拉依尔旋回	
元古宙		晋宁运动　芹峪运动 四堡运动　吕梁运动	晋宁旋回 吕梁旋回	大陆地层形成并演化
太古宙		迁西运动	阜平旋回 迁西旋回	

即使在短期内,也存在复杂的演化过程。王国灿等提出了自己的看法。

E 上新世以来：构造—气候联动抬升

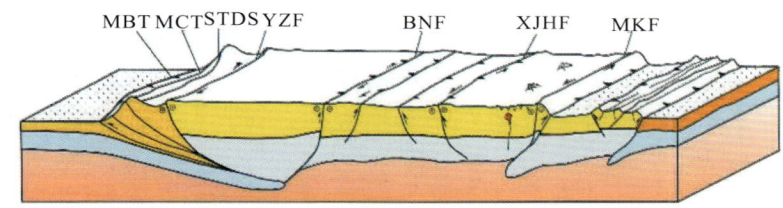

D 中新世中晚期：拆沉热隆抬升

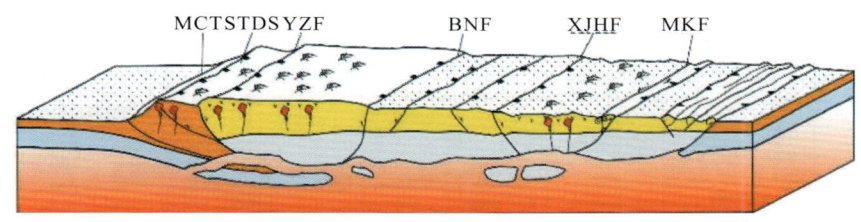

C 渐新世—中新世早期：陆内俯冲挤压构造抬升

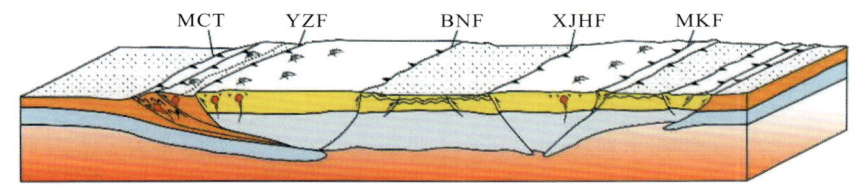

B 始新世晚期—渐新世：构造松弛

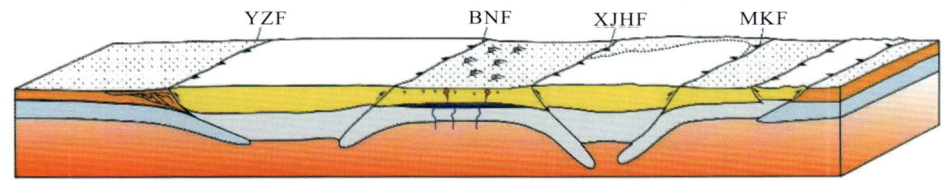

A 古新世—始新世：俯冲碰撞挤压构造抬升

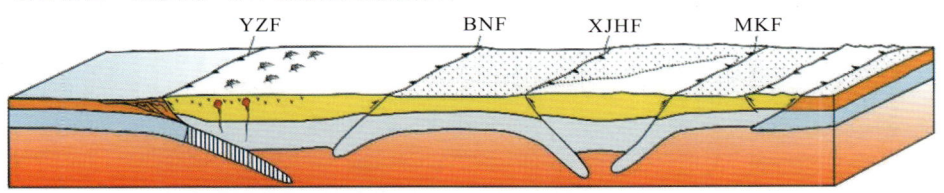

青藏高原新生代多阶段构造演化及动力模型

MBT.主边缘逆冲断层；MCT.主中央逆冲断层；STDS.藏南拆离系；YZF.印度河-雅鲁藏布江缝合带；BNF.班公错-怒江缝合带；XJHF.西金乌龙湖-金沙江缝合带；MKF.木孜塔格-昆仑山-玛沁缝合带

杨巍然(中)、王国灿(右)访问俄罗斯

2. 相对演化与不同构造单元变化大

李德威等于2007年对大陆盆山耦合进行研究，探索其变化规律，该研究反映出大陆构造规律复杂。

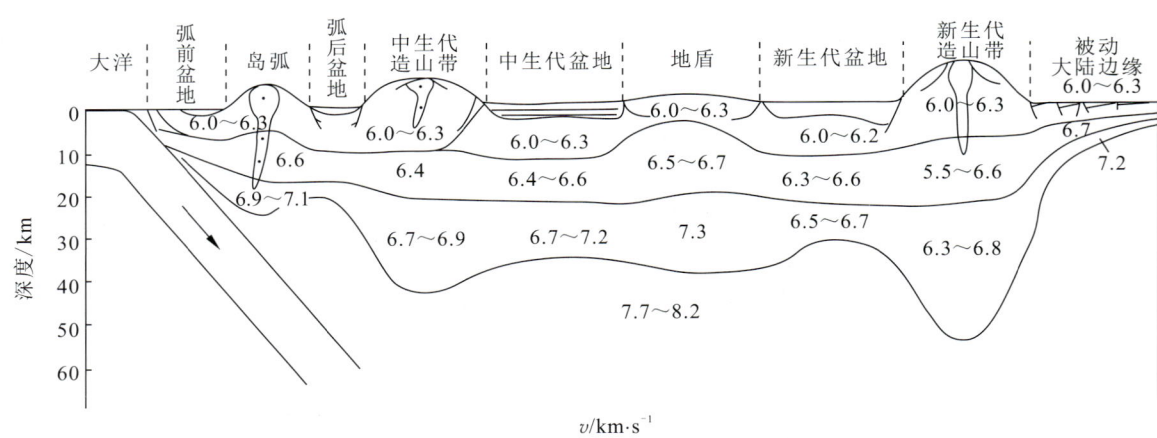

大陆不同类型构造单元的地壳结构及波速结构示意图

杨巍然(右)、美国专家(中)、李德威(左)在美国考察

3. 表层构造与深部构造的关系

杨巍然等于2009年提出的"板内地震过程中的三层次构造模式"是十分重要的构造解析探索，即由软流圈隆起组成的深部构造，中地壳的韧性流变层（低速高导层）及其上、下的强硬层组成的中部三明治构造和由上地壳脆性构造组成的浅表构造。初步研究认为板内灾害性地震的能量（热能、化学能、机械能）主要来自地球深部，软流圈隆起是直接原因，是能量策源地；中部地壳三明治构造区为聚能区；浅表层是引发脆性破裂，形成应变能释放的区域。

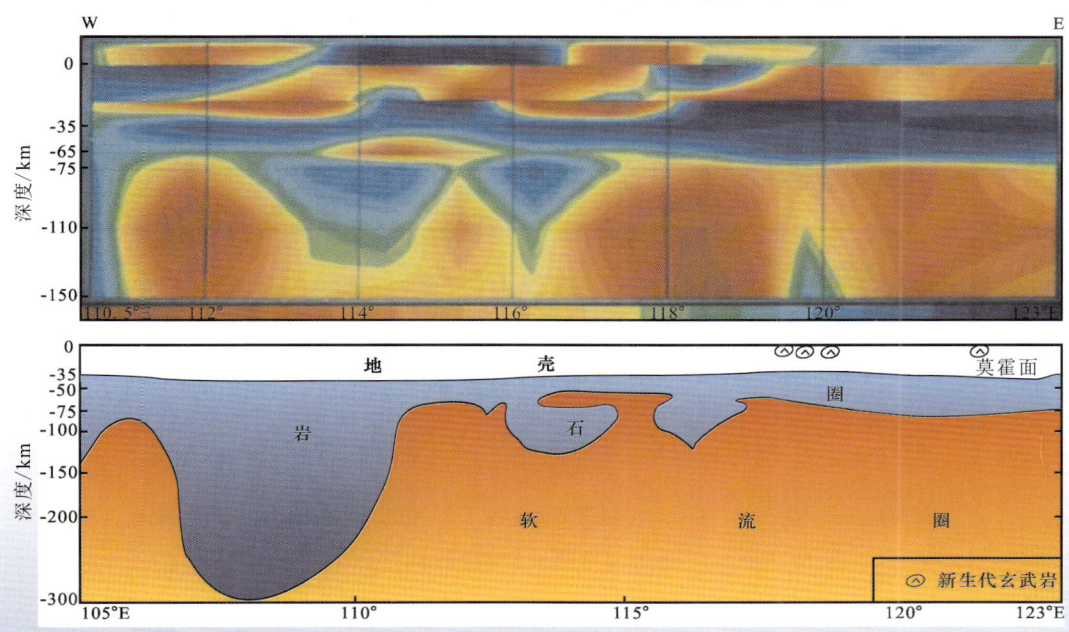

华北地区 360°N 地震层析剖面图及解释图（据邢作云，2004）

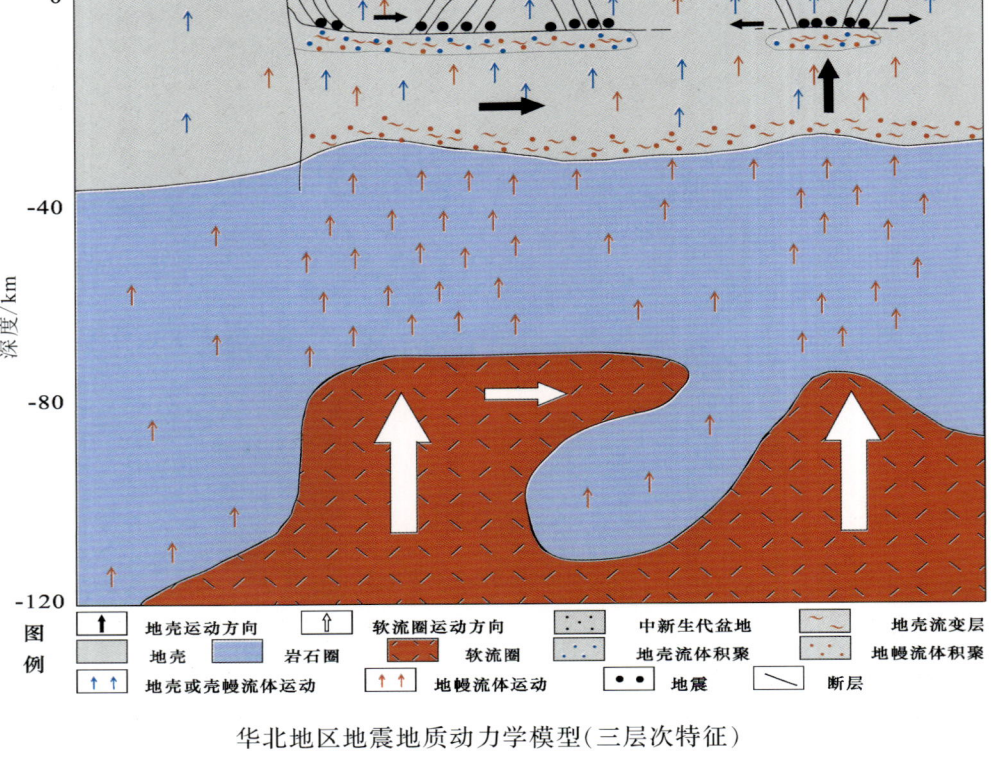

华北地区地震地质动力学模型(三层次特征)

由此可知中国地质构造复杂,地质工作者在探索中应从实际出发,以科学严谨的态度认真研究山的成因,从而启迪新的求索热忱,激发对山本质规律的新探索。

马杏垣院士(左)与杨巍然教授(右)研究开合构造

第十二章 新全球构造观探索

开合构造创新论，探究揭真本质寻。
重导内因能变化，动源新探创古今。

第一节 传统的风采

一、老一辈大地构造学家的启示

在20世纪60—70年代，由于中国地质构造的复杂性，多学派同台亮相，各抒己见。

多旋回学说创立者黄汲清院士及其继承人之一姜春发教授等提出多旋回手风琴式开合。断块学说创立者张文佑院士及其继承人之一张抗教授等提出断块和断块开合。区域大地构造学说领军者马杏垣院士及其继承人之一杨巍然教授等于1984年率先发表《中国构造演化中的"开"与"合"》一文，此文被公认为是开合构造理论形成的标志。

《地球科学》（1984年第3期）

二、20年后(2004年)的初步总结

中国地质学会构造专业委员会于2002年4月23日成立了开合构造研究组,选举张抗为组长,姜春发、杨巍然为副组长。在开合构造理论提出20年后,研究组召开了学术研讨会,2004年将研究成果汇聚成专辑发表于《地质通报》2004年第3期。这是对开合构造研究的第一次全面总结,具里程碑意义。

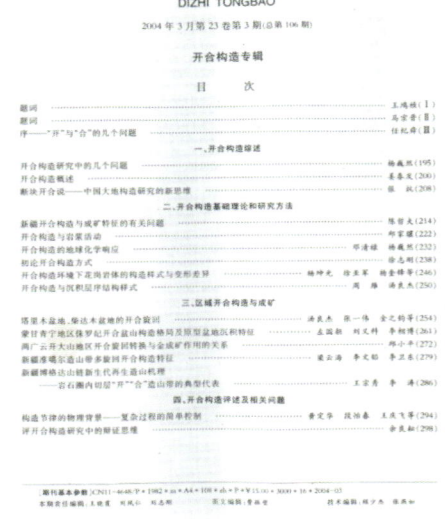

《地质通报》(2004年第3期)

三、新的升华——开合构造

2015年是一个值得纪念的年份,已故黄汲清院士、张文佑院士、马杏垣院士三大大地构造学派的主要继承人的姜春发、张抗、杨巍然、郭铁鹰4位教授,经交流、讨论、升华,完成了开合构造历史性的总结,《开合构造:新全球构造观探索》于2016年发表在《地学前缘》第6期。

三大学派殊途同归,携手创建具有中国特色的开合构造理论,是开合构造新一轮成果的总结,是新研究的里程碑。

开合构造理论是研究开合运动及其形成的地质体的结构特征和规律的科学理论,揭示了地球构造的真谛,是对地壳表层造山带规律的新解析,是对来源于地球深部新动力的新探索。

《地学前缘》(2016年第6期)

4位作者近照(从左至右:张抗、杨巍然、姜春发、郭铁鹰)(2016年)

第二节　开合构造：新全球构造观探索

一、开合运动的基本属性

1. 地质体的基本运动形式是开合旋运动

开合表现为：接近即合，分离即开，旋扭，以及合中有开，开中有合，开、合、旋相结合等，如日常的开门、合门、旋门等在原理上与其类似，旋包含在开合运动中，又与简单的开合有区别，是特殊的开合运动。

开

合

旋

2. 开合运动是对各种地质运动的高度概括

地质主要运动、特征、形成综合表

开合构造	主要运动	力学运动 地球化学运动 地球物理运动 地球生物运动	主要特征	固体力学、流体力学 元素聚集与分离 热、磁、电、重力、波等 发生、成长、消亡	主要形式	水平或垂直 膨胀或收缩 旋扭升降等

3. 开与合是地球运动中的一对主要矛盾

开与合是相互依存、相互对立、相互转换的，对地质构造形成、发展、演化起关键作用。

二、地学开合律

地学开合律是对地质体开合运动中具有普遍意义的规律的总结：它包括规模上的级次性和层次性、时间上的旋回性、空间上的互补性和演化上的方向性等。

1. 开合构造的级次性和层次性

级次性是指构造规模上分级；层次性是指地球因自转等诸多因素形成地球分层构造，不同层次的物质有不同的物理化学特征，但运动规律均具开合运动特征。开合构造级次与层次的划分及其与相关学科的关系如下所示。

开合构造的级次及相关学科

主体构造的规模	构造级次	相关的主要观测手段	相关的地质构造学科	
全球	地球—行星级	卫星图像	行星大地构造学（比较大地构造学）	大地构造学
		全球性地质构造编图	理论大地构造学	
≥2 000km	巨型	1∶100万地质构造填图	开合构造学（区域大地构造学观点之一）	
500～2 000km	大型	1∶10万～1∶25万地质构造填图		
100～500km	中型	1∶1万～1∶10万地质构造填图	构造地质学	
50～100km	小型	大于1∶1万地质构造填图		
<50km	细型	实测地质图和素描		
肉眼不可见	微型	各种显微镜	显微构造学	

开合构造的层次及相关学科

深度范围(km)	地球层次	构造层次		相关学科			
0～33	A 地壳	盖层构造层	岩石圈	构造地质学	板块构造学	开合构造学（区域大地构造学观点之一）	行星大地构造学（比较大地构造学）
		基底构造层					
33～1 000	B 上地幔	岩石圈地幔构造层				理论大地构造学	
	C	软流圈构造层					
		过渡层					
1 000～2 900	D′ 下地幔	下地幔构造层					
	D″(2 700～2 900km)						
2 900～4 980	E 外核	外核构造区					
4 980～5 120	F 过渡区						
5 120～6 370	G 内核	内核构造区					

2. 开合构造时间上的旋回性

旋回是指随时间演化的规律性变化,有长时间的巨型、大型旋回,习惯称大地构造旋回;也有中型旋回习惯称构造旋回;小型旋回习惯称旋回;微型旋回习惯称韵律。

北京周口店地区的开合构造旋回(据单文琅,1989)

变形旋回	世代	体制	构造事件			变质事件	岩浆事件
			构造类型	运动方向	变形相		
喜马拉雅旋回	D_{10}	伸	辛开口断层为代表的山前断裂	→ SEE	脆性剪切破裂变形相	DⅡMe3	
燕山旋回	D_9	缩(剪切)	房山岩体的岩浆热动力构造:韧性剪切带及花岗闪长质的S-C糜棱岩结构带	↑	岩浆热动力变形相	水热蚀变 DⅡMe2 接触变质	DⅡMa3 花岗闪长岩、花岗岩及石英闪长岩侵入
	D_8	缩	南山大寨逆冲推覆构造	← NWW	脆性剪切破裂变形相	DⅡMe1 区域变质作用绿片岩相(红柱石+硬绿泥石)	DⅡMa2 安山岩
	D_7	伸	髫髻山组安山质火山喷发为代表的火山沉降盆地	↓	裂陷作用		
	D_6	缩	NNE向北岭上叠向斜构造;基底岩中的膝折带	← NWW	弹塑性纵弯曲变形相		DⅡMa1 中、酸性火山岩,玄武岩
	D_5	伸	基性喷出,中、酸性爆发式火山活动,裂陷含煤盆地	↓	裂陷作用		
印支旋回(或更早)	D_4	缩	东西向面理褶皱,轴面褶劈理的纵向构造置换作用	← SN	弹塑性纵弯曲变形相	DⅠMe2 退级变质作用绿片岩相	DⅠMa2 暗色闪长岩及闪斜煌斑岩杂岩体侵入(2.07亿年)
	D_3	伸	层间剥离断层,下盘碳酸盐岩糜棱岩化	→ SEE	脆—韧性剪切(滑脱)变形相		
	D_2	缩	黄山店、霞云岭推覆构造	← NWW	脆—韧性剪切(推覆)变形相	DⅠMe1 区域热动力前进变质作用低角闪岩相(蓝晶石、十字石)	DⅠMa1 片理化闪斜煌斑岩脉及闪长玢岩岩床侵入
	D_1	伸	褶叠层及基底剥离断层发育,顺层掩卧褶皱及顺层韧性剪切带的横向构造置换作用	→ SEE	变质固态流变形相		

环太平洋及特提斯地区的开合旋回及开合互补性（据任纪舜，1987）

地质时代	环太平洋（以中国东部及邻区为例）		特提斯（以喜马拉雅为例）	
Q	冲绳海槽形成 〜 ⊥⊤ 台湾造山	西太平洋沟弧盆体系逐步形成 中国东部大陆逐步裂解	西瓦利克磨拉石 〜 喜5（MBT形成）	喜马拉雅造山
N_2	日本海形成 ⊥⊤		〜 喜4	
N_1	〜 四万十造山		高喜马拉雅变质作用 〜 喜3（MCT形成）	
E_3	南海形成 ⊥⊤		（雅鲁藏布江带）磨拉石 〜 喜2（碰撞）	
E_2				
E_1			冈底斯花岗岩 〜 喜1（仰冲）	
K_2	〜 锡霍特造山 松辽盆地形成 ⊥⊤		日喀则复理石 〜 特提斯洋俯冲	特提斯洋扩张
K_1^2	〜 燕3			
K_1^1 (Neocu.n)	阜新煤系 ⊥⊤			
J_3	东岭台—义县火山岩 〜 燕2 土城子红层	燕山造山		
J_2	髫髻山火山岩 〜 燕1			
J_1	门头沟煤系 ⊥⊤ 南大岭火山岩			

〜 造山作用　　⊥⊤ 裂陷—扩张作用

3. 开合构造空间上的互补性

一个地区裂开，相邻地区必然受到挤压，称空间互补。大至全球，小至显微镜下，以及现代地震引发的断裂都具有互补性。

（1）全球尺度的互补性。

全球尺度开合互补性（据马宗晋）

（左图示西半球以开为主，东半球以合为主；右图示南半球以开为主，北半球以合为主）

（2）微观尺度开合构造互补性。

标本尺度　　　　　　　　　　　　　显微尺度

（3）地下断裂活动引起地表建筑的裂隙也具互补性。

西安棉纺厂露头尺度的开合互补

（地下断裂活动引起地表互补性裂隙形成：左为张裂隙，右为压裂隙，据平面上裂隙的雁形排列，稍显右型压扭）

4. 开合构造演化中的方向性及交替特征

开合构造演化中的方向性不仅在时间上有表现,同时在空间上也有表现。在时间上的方向性就是旋回发展中的不可重复性及由简单到复杂的方向发展。在空间上的方向性,表现为造山带等构造现象沿一定方位空间上的变化,又称构造的迁移性。甚至有从点到线、由线到面的三部曲演化模式(中国现代地壳运动的速度场形象地说明方向性的特征)。

三、开合构造研究中的几个重要概念

1. 开合标志

开合标志是研究开合构造的基础资料。开合构造是各种地质现象的综合体现,所有一切能反映开、合属性的地质现象均为开合标志,可以概括为形成和形变两个方面:形成是指能够确定开、合构造环境的岩石、矿物、矿床、生物等各种物质的形成,也包括了某些元素的富集和分散特征;形变是指各种物质的变形、变位、结构构造以及各种物理场的变化特点和规律。开合构造具符号性、系统性、因果关系等特征。

(1)开合构造标志性一:特别突出其符号性特征和系统性特征。
(2)开合标志的研究二:确定开合性质。

1997—2004 年开合标志及部分文献目录

分类	具体内容	有一定特色的参考文献
地质	沉积层序结构、沉积类型、沉积相、沉积建造系列	周雁.开合构造与沉积层序结构样式[J].地质通报,2004(3)250-253. 王成善,陈洪德,寿建峰,等.中国南方海相二叠纪层序地层油气勘探[M].成都:四川科技出版社,1998.
	岩浆岩类型、岩浆系列及建造	邱家骧.开合构造及岩浆活动[J].地质通报,2004(3):222-231. 马昌前.花岗岩类岩石动力学[M].武汉:中国地质大学出版社,1994.
	变质类型及变质过程	韩郁菁.变质作用 $P-T-t$ 轨迹[M].武汉:中国地质大学出版社,1993.
	岩层、岩体、地体变形、变位、位错特征、构造组合类型、演化规律及形成机制	杨巍然.断裂性质与流体组合特征[J].地球科学,1996(3):124-130. 杨坤光.开合构造环境下花岗岩体的构造样式与变形差异[J].地质通报,2003(3):246-249. 姜春发.中央造山带开合构造[M].北京:地质出版社,2000. 徐志刚.初论开合构造方式[J].地质通报,2004(3):238-245. 梁云海.新疆准噶尔造山带多旋回开合构造特征[J].地质通报,2004(3):279-285. 袁哲平.洲际开合配对构造岩石圈动力学研究进展[M].北京:地震出版社,1999. 邱爱金.阴山—燕山造山带开合历史[J].地学前缘,2002(2):414.
	内生矿类型及演化盆地及油气	陈哲夫.新疆开合构造与成矿[M].乌鲁木齐:新疆科技卫生出版社,1997. 臣文龙.西昆仑密西西比河谷型 Pb、Zn 矿成矿地质条件分析与成矿远景预测[M].北京:地质出版社,2006. 张抗.断块开合与油气勘探[M].北京:地质出版社,1998. 汤良臣.塔里木盆地、柴达木盆地的开合旋回[J].地质通报,2004(3):254-260.
地球化学	常量、微量及稀土元素的富集与分散及其演化规律	邓清禄.青海拉脊山早古生代开合演化的地球化学证据与成矿[J].地质论评,1998(1):15-22. 林仟同.福建崇安—石城构造带的地球化学特点及与成矿关系[J].地质科技情报,2003(1):92-96. 孙家树.元素对地质事件记忆的初探[J].地质力学研究所所刊,1989(3).
古地磁	古地磁场强度、极性倒转比例和频率及真极移速率的演化规律	杨巍然.地球历史的开合节律与古地磁变化.地学前缘[J].1997(4):191-196.

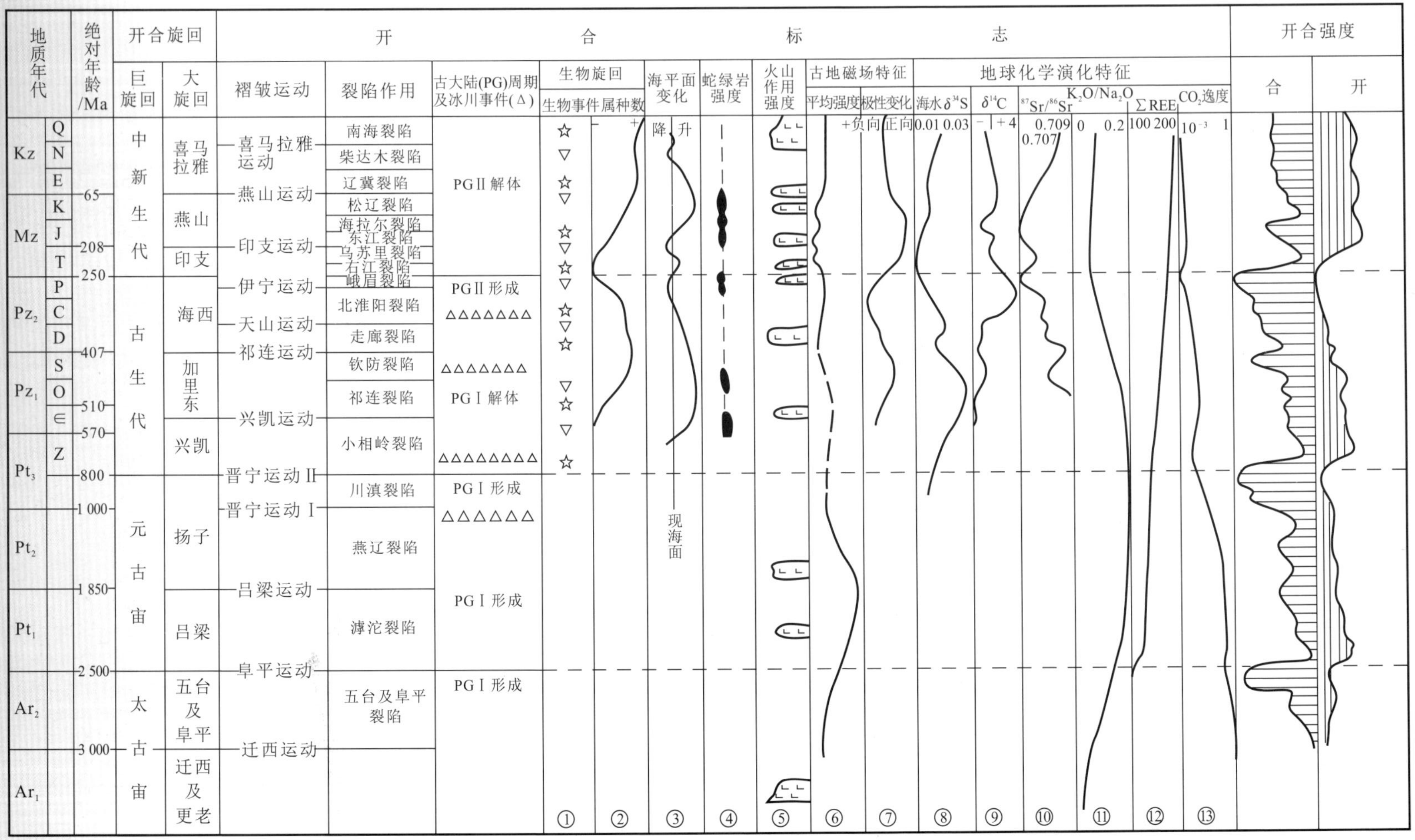

全球开、合、旋回演化简图

① 五角星示生物爆发，倒三角示生物衰落，据Valentine（1970）；② 生物属种数增减曲线，据王鸿祯（1996）；③ 海平面变化曲线，向右上升，据Mackenxie 等（1981）；④ 蛇绿岩出现强度，据Milanovsky（1996）；⑤ 火山作用强度，据Milanovsky（1996）；⑥ 古地磁强度变化曲线，晚古生代以来据Milanovsky（1996）；⑦ 极性变化，据Ulrych（1972）；⑧ 海水氧化硫 $\delta^{34}S$ 变化曲线，据Krouse等（1979）；⑨ 海水 $\delta^{13}C$ 变化曲线，据Lindh等（1981）；⑩ 海水 $^{87}Sr/^{86}Sr$ 变化曲线，据Burke等（1982）；⑪ 地壳 K_2O/Na_2O 变化曲线，据Engel等（1976）；⑫ 泥质岩 ΣREE 变化曲线，据Tayllor（1979）；⑬ CO_2 逸度变化曲线，据丸山茂德等（1990）；图中+号表示增加或升高的方向，-号表示减少或降低的方向

2. 开合建造及建造序列

重视物质组合特征和演化规律与构造环境及开合构造演化阶段具有密不可分的关系,可以划分为沉积建造、岩浆建造、变质建造及成矿建造等。

如磨拉石建造,是沉积建造的一种,同造山作用形成,以分选性差、磨圆度低的快速粗大碎屑沉积,厚度巨大,无递变层理,具交替层等,是聚合阶段的典型代表。

磨拉石建造(据刘德民,2012)

再如玄武岩,是一种基性火山岩,是岩浆建造的代表,是强烈开合运动开裂阶段的标准产物。

玄武岩(据刘德民,2012)

开合构造与花岗岩的岩浆活动在不同开合构造环境有不同特色,张性代表开,压性代表合,反映了开合构造与花岗岩岩石化学关系密切。

开合构造与花岗岩类型、组合(据邱家骧,2004)

花岗岩的构造类型		构造-花岗岩类型	花岗岩组合	暗色矿物组合
合	火山弧花岗岩(VAG)	岛弧(M型)	石英闪长岩-花岗闪长岩	角闪石+黑云母
		陆缘(I型)	石英二长岩-花岗岩	黑云母+角闪石
	同碰撞花岗岩(S-COLG)	同造山(S型)	富白云母花岗岩-二云母花岗岩	白云母+黑云母
		造山隆起(I型)	富钾钙碱性花岗岩	黑云母+白云母
开	洋中脊花岗岩(ORG)	洋中脊(M型)	英云闪长岩-斜长花岗岩	角闪石
	板内(裂谷)花岗岩(WPG)	造山后拉张(A型)	正长岩-石英正长岩	角闪石+辉石
		大陆板内非造山(A型)	碱性花岗岩-正长岩	碱性角闪石、辉石、黑云母

开合构造环境与成矿之间有密不可分的关系。

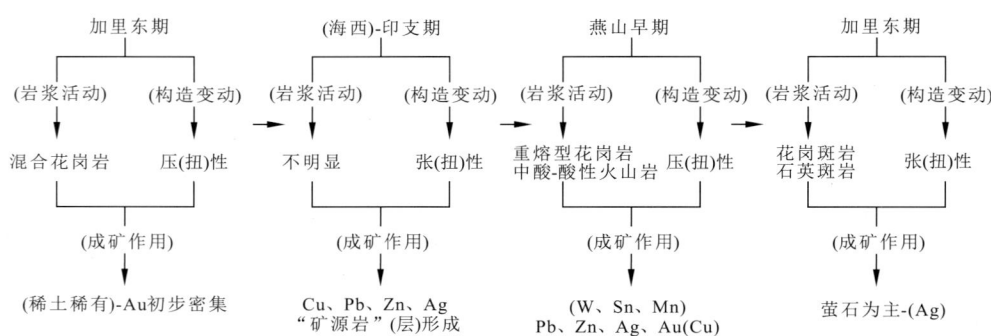

福建崇安-石城构造带构造阶段与成矿关系示意图(据邓清禄,2004)

3. 开合构造类型

根据各种开合构造的标志和开合构造的样式,对不同级次和不同层次开合构造特征进行综合概括和规律总结,为研究开合构造的成因机制提供了重要依据,是研究开合构造的核心问题。开合构造可分为8种类型。

开合构造类型

1	岩石圈大开大合类型	俯冲造山带、碰撞造山带
2	岩石圈小开大合类型	断块造山带
3	岩石圈顺层开合类型	推覆造山带、大剪切带
4	岩石圈内切层开合类型	断块造山带、剪切带
5	地体开合类型	增生造山带、伸展构造
6	走滑转换断层开合类型	转换造山带、剪切带
7	此开彼合类型	拼贴造山带
8	深俯(合)速返(开)类型	超高压变质带

岩石圈的开合往往会形成奇特的自然景观,如东非大裂谷。

板块模式图　　　　　　　　　东非大裂谷

4. 开合构造集群及次级构造区

开合构造单位是开合运动和开合构造类型在空间上分布规律的总结。地球历史中地质体的开合运动是有规律的,最显著的特征是大小不同的地质体围绕某些相对固结程度较高、固结时间较早、体积较大的地质块体（核心陆块）作小开小合的运动,可将此核心陆块及其周边与它具有成生联系的大大小小的地块和各个时期的造山带的集合体统称为构造集群。即同一构造集群有相似的大陆基底和地质演化过程;有相同的地质构造、地层古生物、岩浆和变质作用特征;各地质体具有有规律的运动指向。构造集群的这种特点也体现了由点（块——核心陆块）到线（带——不同时期造山带和其中的地块）到面（体——构造集群）的演化模式。它们的这些特征与相邻的构造集群有明显的区别,各构造集群之间则是作大开大合运动。

开合构造集群及次级构造分区

北亚构造集群	A_1 西伯利亚陆块
	B_1 萨彦外贝加尔造山系
	B_2 阿尔泰、大兴安岭造山系
	B_3 中天山、内蒙古松辽构造结合区
中亚构造集群	A_{2-1} 中朝陆块　A_{2-2} 塔里木陆块　A_{2-3} 扬子陆块
	B_4 南天山翁牛特旗造山带
	B_5 秦祁昆造山系
	B_6 巴颜喀拉澜沧江造山带
	B_7 华南造山带
南亚构造集群	B_8 怒江萨尔温构造结合区
	A_3 印度陆块
	B_9 喜马拉雅造山系
东亚构造集群	A_4 太平洋板块
	B_{10} 西太平洋造山带

构造结合区：两个构造集群之间往往存在构造结合区（过渡区），其内常混有两个集群的地质体，或同一地质体中具有两者的某些特征。

四、开合旋构造体系及构造运动

1. 开合旋构造体系

开合运动和旋转运动是地球动力体系中最重要的两类运动形式，在漫长的公转和自转的共同作用下形成地球的层圈构造和各种地质体，并调整它们成为一个动态平衡系统称之为开合旋构造体系。

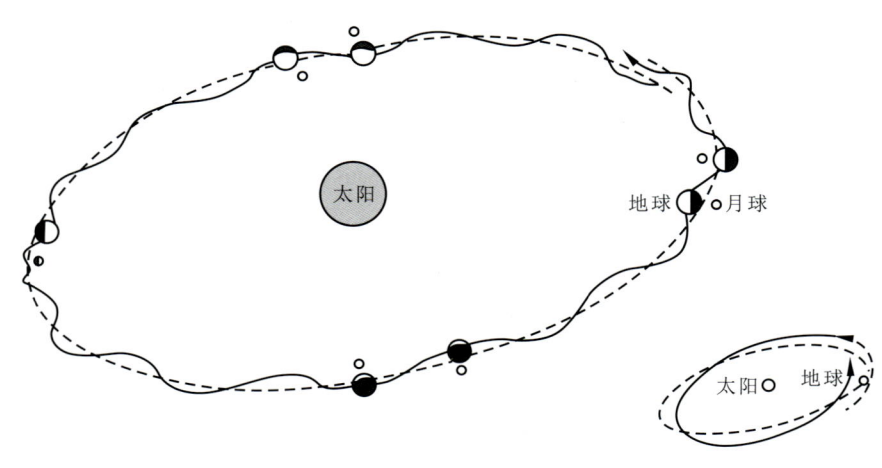

地球运动形式和它的轨道（据陶世龙，2013）

2. 调整平衡的构造运动

动态平衡体系从局部被破坏，经旋转运动调整达到相对稳定的过程称为构造运动。诸如地质历史中的加里东运动、海西运动、燕山运动、喜马拉雅运动等。

例如燕山运动是晚侏罗世到白垩纪中期在中国发生的地壳运动，从 165Ma 左右开始至 85Ma 前结束，地壳因聚合，褶皱隆起成为绵延的山脉，以北京燕山为代表。

旋转运动加速可促使地球膨胀，旋转运动变慢导致地球收缩；无论是加快或变慢都可能引起圈层内的水平挤压与伸展；圈层内的不均一，可加速垂直和水平运动的发生。

燕山

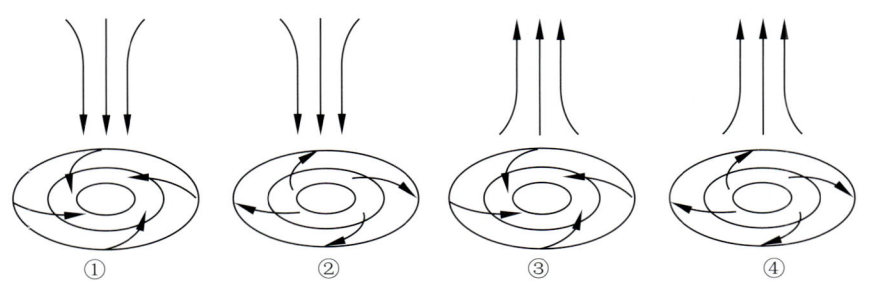

① ② ③ ④

水平运动与垂直运动相关示意图
（上平面表示垂直运动，下平面表示水平运动，二者相互转化，
都受旋转运动影响，旋转有左旋、右旋，以左旋为主）

五、影响构造运动动因讨论

1. 内外因综合作用，内因主导

（1）主导因素一。构造运动是开合旋动态平衡体系一度或局部被破坏，经调整达到新平衡状态的真实记录。我们认为其动因包括来自地球本身的内因和受太阳及其他星球影响的外因，其中内因是主导的，外因通过内因起作用。所以首先要研究内因，内因中最重要的是热能和重力能。它们与地球物质密度有密切关系，可以说它们是地球上无处不在、随时可得、取之不尽、用之不竭的能源。

(2)主导因素二。地球内蓄存的热能是非常巨大的,可以通过地球内部的温度进行估算。地球内部温度分布不均,从地表到地心逐渐增高。陆地上的平均地热梯度约为25℃/km,大地热流现象主要受地壳和上地幔中50~100km范围内的热活动的制约,更深处的热状态只能根据地震、重力和大地电磁测深等地球物理方法,以及地球化学方法或借助于理论计算进行推论。关于地球内部温度分布的另一种推算结果:100km(上地幔顶部局部熔融开始)为1 100℃~1 200℃;400km(上地幔橄榄石—尖晶石相变带)为1 500℃;700km(尖晶石FeO、MgO、SiO_2相变带,上、下地幔界面)为1 900℃;2 900km(地幔地核分界面)为3 700℃;5 000km(内、外地核分界面)为4 300℃。不管何种计算,都说明地核的温度最高,体积巨大,因而储存了大量热能。

(3)主导因素三。马杏垣院士非常重视重力的作用,20世纪60年代初,他提出了"重力构造"大地构造观点;在讨论开合构造动因时,他强调重力是其动因之一。重力是地球作用在地球某一单位质点上的引力和惯性离心力的合力,用g表示;重力在地球内部的重力值$g=G\dfrac{m}{r^2}$(G为万有引力常数,m为地球半径处的物质密度,r为离地心处的距离)。

上述现象是因为地球内部的每一个质点,除受地心引力外,还受到其上的物质的吸引,越向深部地心的引力越小,而上部物质的引力越来越大,在重力曲线的转折点,二者达到平衡。这样就形成在核幔交界处,整个地球的重力场中出现一个重力转折圈层。这一圈层与古登堡面相当,应当不是巧合,而是一种客观规律的本质。

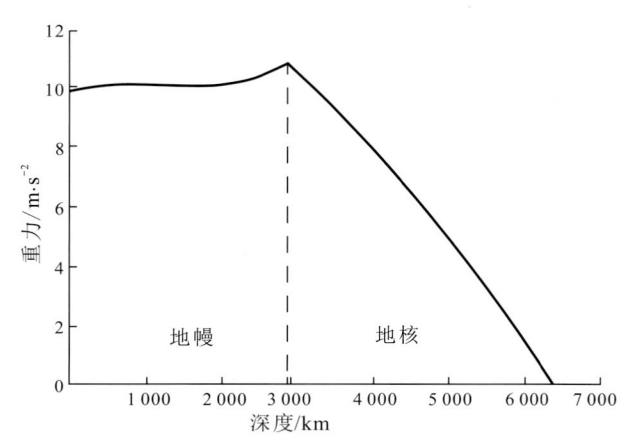

地球内部重力分布曲线

总之,我们认为热能和重力能是构造运动的动因。地核是不断向上提供热能的热能库。重力在核幔边界形成的开合构造转换地带成为以热能为主的综合能量形成和聚集的基地。随着基地中综合能量集聚至围岩,应力达到临界点,物质分异,相对轻的物质带有巨大的综合能量迅速向上涌出至有利层位,与原地物质化合或混合形成不同类型的熔融热流体,它们是构造运动的直接动因。下图形象地显示了构造运动的动力系统的特征。

该图高度概括了开合旋构造体系的本质性特征,形象地展现了开合构造作为全球新构造观的基本内容,对大地构造基本问题作了完美的高度概括。

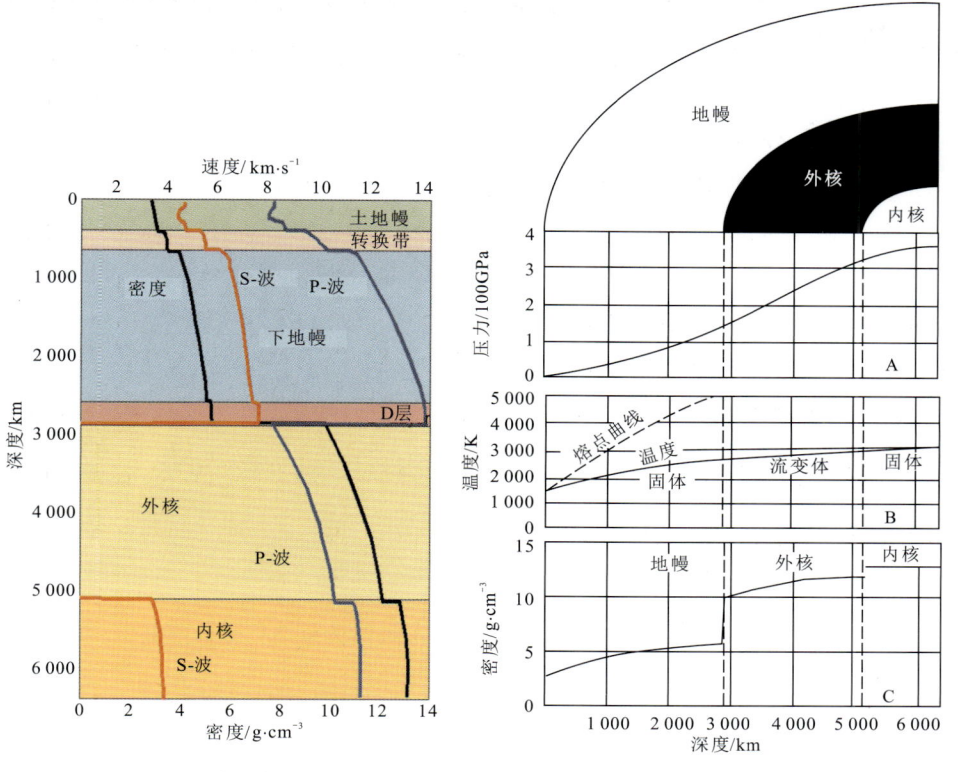

地球内部热状态及与它相关的地球物理场对应关系
（据杨巍然等，2016）

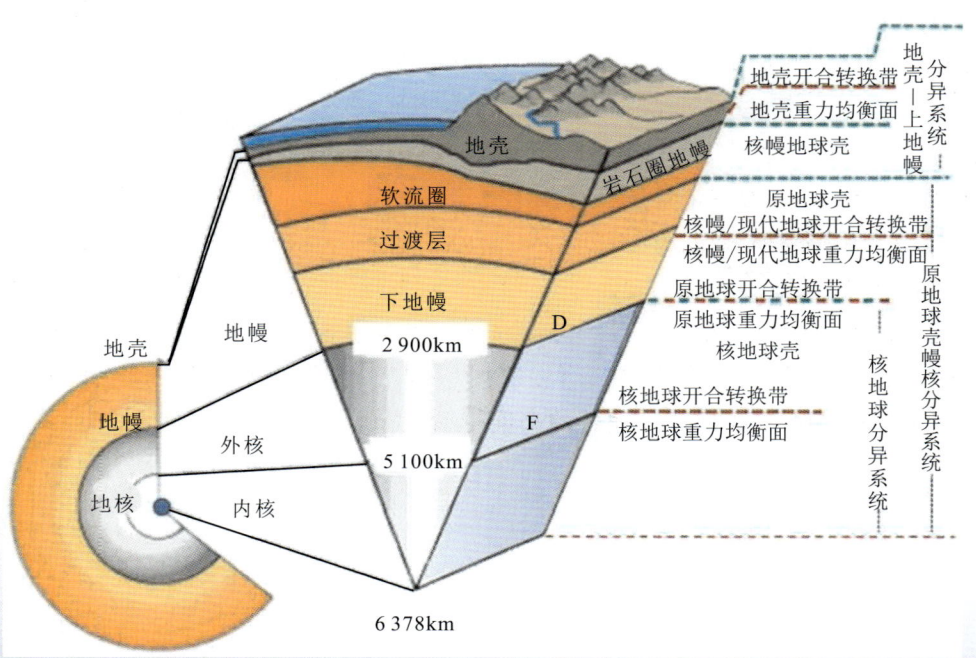

开合旋复杂构造系物质组成、结构、构造及演化简要模型图（据杨巍然等，2016）

2. 地球磁场

磁场的能量不能忽视,但在一定的温度下会出现消磁现象;地球磁场的作用不能忽视,是一个值得探索的领域。

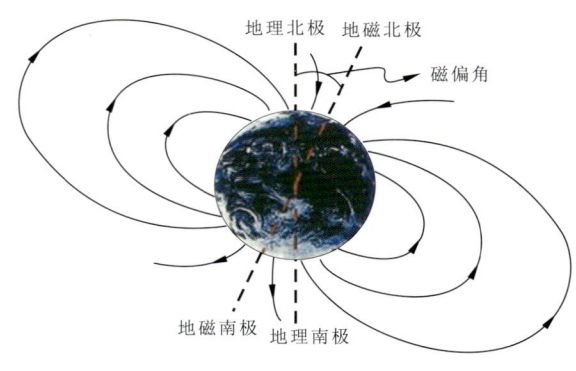

地球磁场(据陶世龙,2013)   太阳风暴对地球磁场的影响(据陶世龙,2013)

3. 地壳表层与大气层交汇处的外动力作用

常说的外动力地质作用,包括风、雨、雪、水、冰,还有潮汐,甚至也把生物地质作用、人力工程地质作用等都计于其内,现代的环境地质作用也不可忽视。

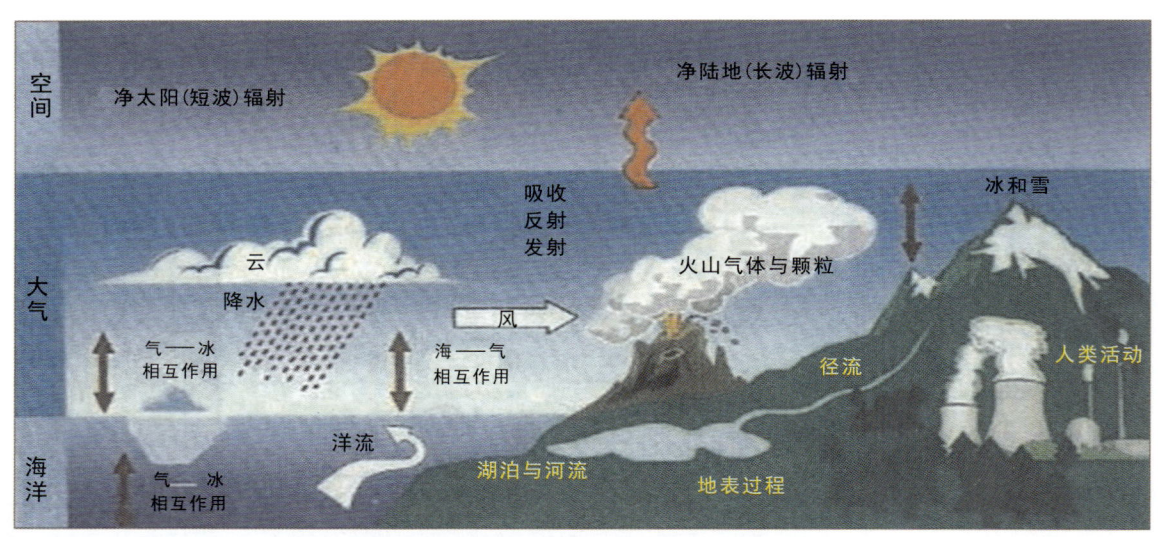

三圈层交汇处状态示意图(据陶世龙,2013)

4. 星外来"客"的撞击

星外来"客"的撞击是现代地质学科的新课题,而且研究在逐渐深入,由此引起褶皱,甚至岩浆活动的演化。

2016年2月11日,LSC向全世界宣布:人类首次直接探测到了引力波,并且首次观测到了双黑洞的碰撞与并合。这个非凡的发现不仅证实了超大型和超显微型的开合事件的存在,而且提供了引力波是开合运动的直接因素的证据。佛罗里达大学的Barke根据上述观测资料编绘了引力波竖直穿过由静止粒子组成的圆所在的平面时,圆的形状发生的变化:它显示两个黑洞相互绕旋慢慢靠近最后并合的全过程中黑洞周围的时空被剧烈扰动,最后以引力波的形式传播出去。我们将其图引用到构造地质领域,按构造地质术语称之为引力波引起的应变时空演化图,图中明显显示引力波的拉伸和压缩随时空呈周期性变化。这与我们根据地球任一地区地史资料编制的该地区的开合旋回演化图极为相似。

美国亚利桑那州陨石坑(据陶世龙,2013)

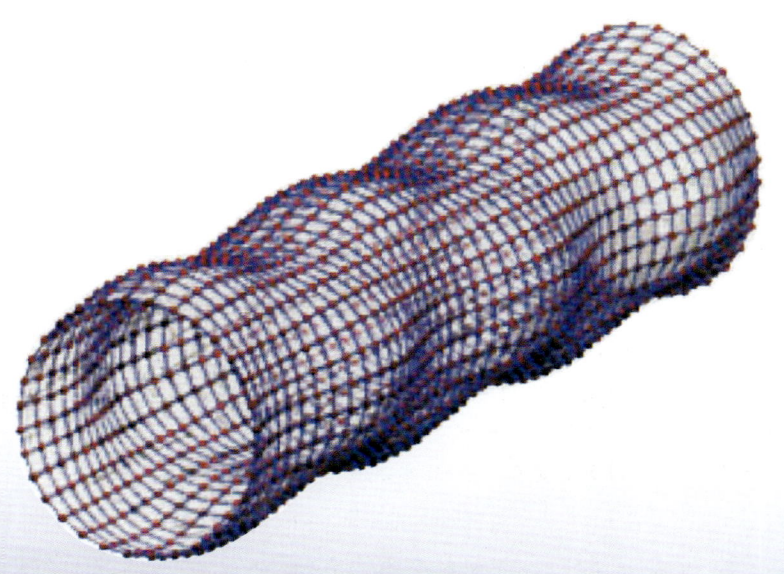

双黑洞(GW150914)引力波引起的时空应变演化图

第十三章 传承与创新

继承先导创新风,元帅嘱托记心间。
探究"三山"永并重,师徒奋力建新功。

第一节 优秀的传承

一、传统

中国登山队始终坚持登山运动与科学考察结合,为国家经济建设和国防建设服务的发展方针,形成优良传统。

高山采集岩石标本

北京地质学院是最早组织登山科考队的大学之一，长期注重高山地质研究和人才培养。其中中国第一位地质女教授、中国科学院院士池际尚就曾在西藏进行科学考察并指导野外工作，成为教学、科研、登山相结合的一代名师。

池际尚院士（女，1917.6－1994.1）

在西藏进行科学考察的池际尚院士（左四）

二、启示

1988年初，美国"麦克·登"探索网代表南极探险家麦克·登向中国发出邀请，希望组建中美探险科考队，填补文森峰一带的地质空白。要求中方选派3名有地质背景的人员参加。中方精选了南京地质矿产所研究员金庆民（女，毕业于北京地质学院）和中国登山队的李致新和王勇峰。

年近半百的女地质学家金庆民因体力原因被迫放弃冲顶,却以惊人的毅力在孤独的高山营地独立进行地质考察。于1988年12月2日,在南纬78°30′44″至78°54′,西经85°42′至85°44′发现铁矿,写下中华人民共和国金庆民并拍照。她采集了40kg标本进行研究,后经进一步技术测量,铁矿带长约20km,品位30%～50%,富矿达51.28%～64.39%,填补了南极的地质矿产研究空白。

工作中的金庆民

三、行动

每次攀登世界高峰李致新、王勇峰都要在高峰上采集珍贵的顶峰岩石标本,最令人难忘的是1995年从南美洲阿空加瓜峰峰顶返回时,遭遇特大暴风雪,他们将昂贵的登山设备丢弃,而冒着生命的危险背回沉重的顶峰岩石标本,以备科学研究之需。

四、寻师

李致新、王勇峰成名之后,怀着探索高山成因之谜的初衷,希望寻找名师指导,经过多次寻访与交流,最后决定师从杨巍然教授。杨教授是已故马杏垣院士的得意门生,对区域构造地质,大地构造学有长期的研究,特别是在开合构造的研究上有继承和创新的独特优势。

杨巍然在工作中

杨巍然(左一)指导研究工作

杨巍然教授在与李致新和王勇峰的交流中,特别赞扬了他俩在南美洲阿空加瓜峰遭遇暴风雪时保护标本的做法。同意接受他们为研究生。杨巍然教授十分重视野外调查,要求亲自全面地掌握野外第一手资料,做到准确、清晰、能说明问题。

杨巍然和中俄两国师生在贝加尔湖野外实习

第二节　创新

一、基础扎实

　　杨巍然教授以治学严谨、要求严格著称。为培养李致新、王勇峰成为"双英雄"（二人已是著名登山英雄，再培养他们成为科学探索的英雄），杨教授为他们制订了系统严格的培养计划，包括有针对性的教学方法，上报学校批准，严格按学分要求执行。

杨巍然（中）指导李致新（左）、王勇峰（右）

二、融入科研团队

杨巍然教授的教学科研团队,是一个经过精心组建、长期磨合的强大团队,现有博士生导师5人,十多名教授,数十名博士,近百名硕士,进行不同方向的研究。他的学生李德威于2018年逝世,其事迹广为人知。

杨巍然(左)、杨志华(中)、杨森楠(右)三位教授在野外

杨巍然及其教学科研团队在野外考察

三、锁定前缘目标

杨巍然教授为培养学生攀登自然高峰和科学高峰,选定地学前缘课题作为研究方向。请我国著名地质学家、地质教育家杨遵仪院士和王鸿祯院士参加研究讨论,并由李致新、王勇峰向专家汇报研究进展,获两位院士的悉心指导。

他们的课题获得了国家自然科学基金的资助,为课题的顺利完成提供了有力保证。

杨遵仪院士(1908.10—2009.9)

王鸿祯院士(1916.11—2010.7)

探索新思路

杨遵仪院士(左一),王鸿祯院士(左二),李致新(中),王勇峰(右二),杨巍然教授(右一)

四、胜利完成目标

　　李致新、王勇峰自 2001 年入学，苦学三年，在名师和著名地质学家的指导下，在团队的协作帮助下，在自然科学基金的资助下，于 2004 年顺利通过答辩，中国地质大学（北京）正式授予两人构造地质学硕士学位。

导师与学生
王勇峰（左）、杨巍然（右）

师生三人合影
王勇峰（左）、杨巍然（中）、李致新（右）

第十四章 各洲首峰新探

青藏高原升屋脊,两洲碰撞涌珠峰。
四期开合分阶段,挤出隆升是主因。

第一节 珠峰成因新解析

一、青藏高原最南的屏障

1. 青藏高原奇景

青藏高原平均海拔 4 450m,是世界屋脊的主体,位于中国境内,属青海、西藏、新疆等省、自治区管辖。由一系列的山脉,如祁连山、昆仑山、巴颜喀拉山、冈底斯山、喜马拉雅山等以及高原、宽谷、湖泊、盆地等组成。有世界最大的山岳冰川,地貌类型复杂。

它是地球上地壳厚度最大的地区,地壳的底线与地表地形成镜像反映,形成地壳中独特的巨大三维透镜体,是一座超巨型山体。

2. 喜马拉雅山脉的风采

喜马拉雅山位于青藏高原南西缘,是世界最高峰云集地区,有 10 座海拔 8 000m 以上的高峰和 110 多座海拔 7 350m 以上的高峰,是东亚大陆与南亚次大陆的天然分界,是中国与印度、不丹、尼泊尔、巴基斯坦等国界线分界处。

喜马拉雅山西起克什米尔的南迦帕尔巴特峰,该峰海拔 8 125m,为世界第九高峰;东至雅鲁藏布江大拐弯处的南迦巴瓦峰,该峰海拔 7 782m。山脉全长 2 450km,宽 200~350km,发育有世界最大的山岳冰川,有 19 条河流,其中印度河与布拉马普特拉河最长(中国境内称雅鲁藏布江)。

喜马拉雅山脉雄姿

金色的南迦帕尔巴特峰

据研究,在第四纪冰川期,喜马拉雅山又长高了1 300~1 500m,始有今日喜马拉雅山之雄风。其为青藏高原最西南之屏障,群峰翘首,十分壮观,被称为世界第三极,是全世界最年轻的高山。

金色的珠穆朗玛峰

二、青藏高原开合诗篇

古生代的海洋(古特提斯洋),伴有火山岩系是以大开为特色,以后发展为印支造山阶段的小合,接着为中特提斯洋的小开,燕山造山阶段的小合,新特提斯洋的小开至喜马拉雅山造山阶段的大合。

总之,该地区演化具有旋回特征,即一个大旋回,三个次级旋回;北部以合为特征,南部以开为主体,反映二者空间上的互补性,属杨巍然等所提出的此开彼合类型。

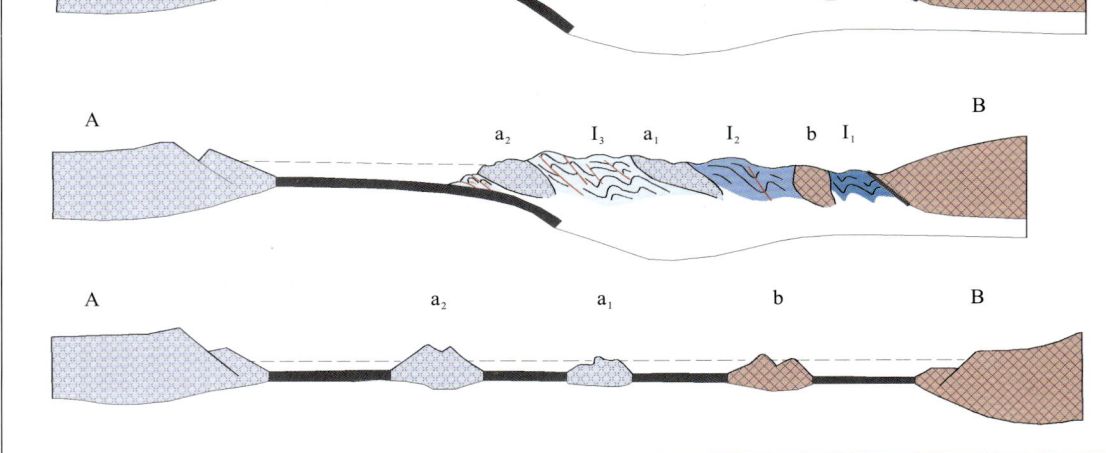

青藏高原结构与演化示意图(据葛孟春,2016)

A.印度陆块;B.古中国陆块;a_1、a_2、a_3.印度陆块先后裂解地块或岛弧(a_1 为早期,a_2 为中期,a_3 为晚期),其中 a_3 为挤出地块(现喜马拉雅山脉);b.古中国陆块裂解地块或岛弧;Y.燕山造山带;Hm.喜马拉雅造山带;I_1、I_2、I_3.印支造山运动产物(因位置不同编号不同)

三、解析珠峰

世界最高峰——珠穆朗玛峰位于喜马拉雅山主脊中段的中国与尼泊尔边境,披着神秘的面纱屹立在亚欧大陆与印度大陆之间。

神奇美丽的珠穆朗玛峰

1. 珠穆朗玛峰的基本特征

珠穆朗玛峰的物质组成相对较复杂,有沉积岩、岩浆岩及变质岩,局部还有规模较小的岩枝、岩脉穿插。整体属青藏高原特征,其组成物质的空间分布及变质变形特征等,大致可以分为4个不同组成部分。

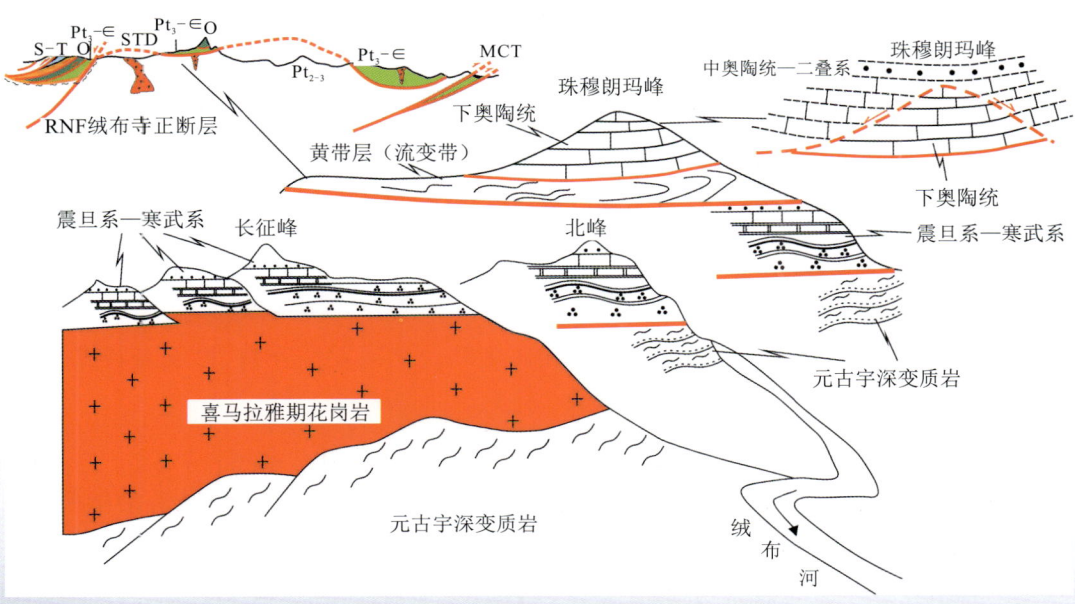

珠穆朗玛峰基本特征(据李致新等,略修改,2014)

(1) 顶部为早古生代早奥陶世近水平状的海相碳酸盐岩,称为"珠峰层",由一系列的结晶灰岩组成,基本没有发生变质变形。其下为拆离滑脱面与黄带层相接,拆离滑脱面下岩石塑性变形强,褶皱变形发育,岩石整体呈黄色,称为黄带层(流变带),再下为著名的藏南拆离系(STD)。研究表明:珠峰顶部曾发育有中奥陶统-二叠系近水平的灰岩、砂岩,后期受重力拆离断层的双向拆离而消失了。

(2) 中部为震旦纪—寒武纪沉积岩与元古代的浅变质岩系,由石英砂岩、灰岩、长石砂岩、大理岩以及板岩等组成,变形作用较强但变质作用较弱,以产状较缓的断层与底部变质岩系接触。

(3) 底部为中—新元古代高喜马拉雅的层状变质结晶岩系,由一系列的大理岩、石英岩、片岩和片麻岩组成,变质变形均较强,局部还含有深变质的镁铁质基性麻粒岩。

(4) 在以上浅变质—深变质岩系中侵入有喜马拉雅期花岗岩,又称"淡色花岗岩",由黑云母二长花岗岩、二云二长花岗岩和电气石白云母二长花岗岩组成,这些喜马拉雅期花岗岩不是同一时间侵位形成的,至少经历了三期,反映深部的岩浆活动频繁。

张志坚博士在珠峰大本营

2. 珠峰的成因及演化过程

关于珠峰及喜马拉雅山脉成因有多种模式和观点,此处从略,我们从开合构造的观点进行了多年研究,将其划分为以下4个阶段,每一阶段有不同的表现。

第一阶段:洋壳扩张→开为主的阶段

从晚白垩世开始,在60Ma前,古中国大陆和印度陆块之间发生开裂,形成新特提斯洋,此时以水平运动占绝对优势,是开的阶段。

第二阶段:洋盆萎缩→转换阶段

60～45Ma,新特提斯洋开始向古中国大陆俯冲,新特提斯洋逐渐萎缩,由水平运动发生了转换而成垂直运动,是由"开"向"合"的运动的"转换"阶段。

第三阶段:陆陆碰撞逆冲→合为主的阶段

45～18Ma,新特提斯洋壳消失,洋南侧的印度陆块开始与洋北侧的古中国大陆碰撞,陆陆俯

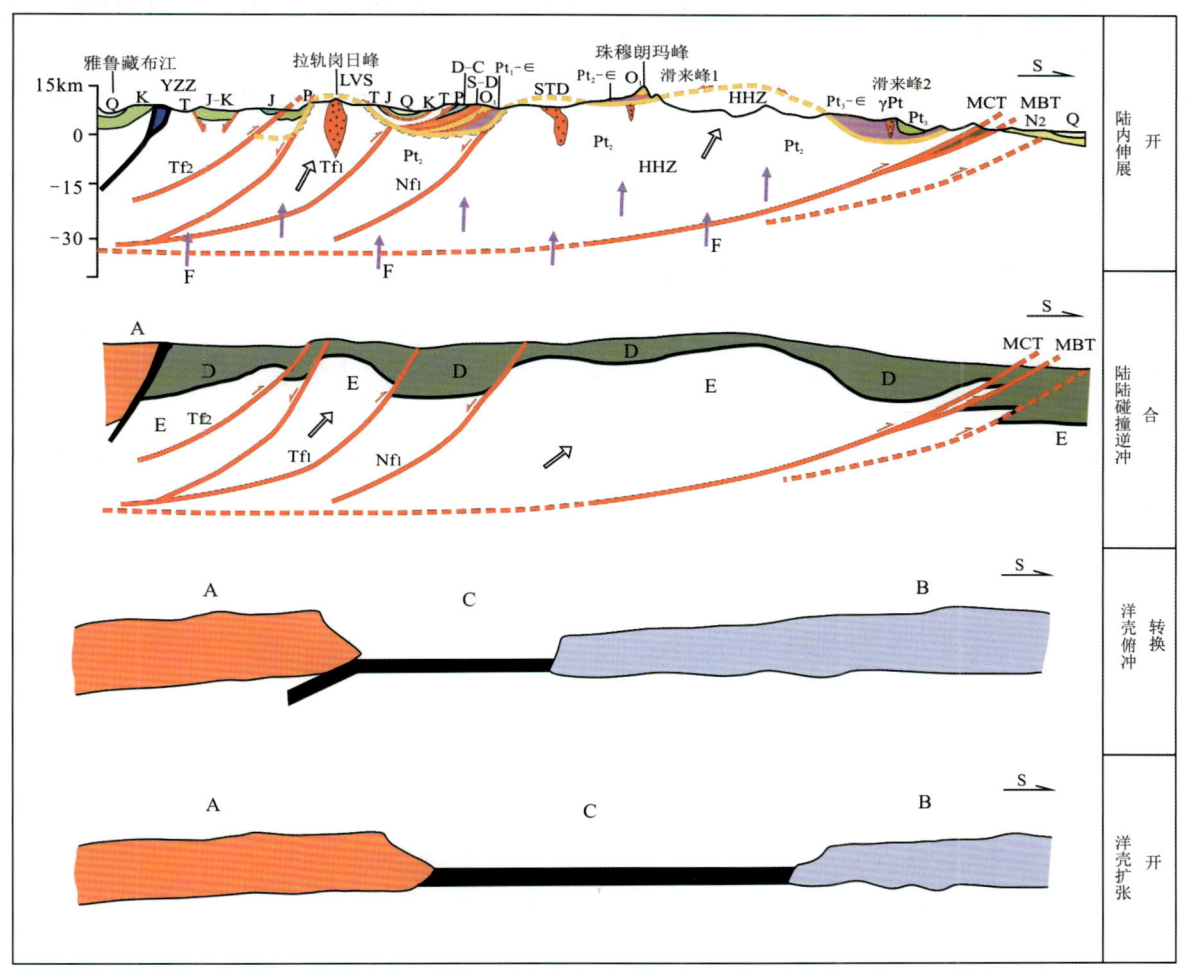

珠峰及邻区四阶段演化模式图（据刘德民，2015）

A.古中国大陆（包括拼贴块体）；B.印度陆块；C.新特提斯洋；D.盖层（Pt₃-T 及 J-K）；E.基底（Pt₂）；
F.垂向伸展阶段热流体；MCT.主中央逆冲断层；MBT.主边缘逆冲断层；YZZ.雅鲁藏布江俯冲带；
LVS.拉轨岗日垂向挤出构造；HHZ.高喜马拉雅垂向挤出构造；STD.藏南拆离系和滑覆构造；
Tf1.定日-岗巴逆冲断层；Tf2.萨迦逆冲断层；Nf1.绒布寺正断层

冲难以下行，导致印度陆块北缘发育一系列向南挤压逆冲断层，25～18Ma 达到高峰，使喜马拉雅地区发育多个挤出构造体。珠峰带楔状体是典型代表。因为这个楔状体挤出的速度快、幅度大，使整个楔状体凸显出来，逐渐显示较高的地势，此时珠峰南的高喜马拉雅地区至 MCT 之间达到最高高度，比当时的珠峰还高。

第四阶段：陆内伸展→开为主的阶段

18Ma 左右开始至 10Ma，早期发生了水平伸展，形成主拆离面和主滑脱面；晚期发生了垂向伸展，大量热流体上涌，造成青藏高原整体上升；在 6Ma 达到高潮，伴随高原整体上升，在高原核部形成了一系列以 NS 向为主的正断层，而在高原周缘地区向外逆冲扩展，使早期部分逆冲断层活化。20 世纪 80 年代初，郭铁鹰教授以"开花馒头"形象地说明这一现象。

郭铁鹰教授在研究中

 曾佐勋教授通过数字模拟对珠穆朗玛峰挤出构造的机制,作了可行性解析。

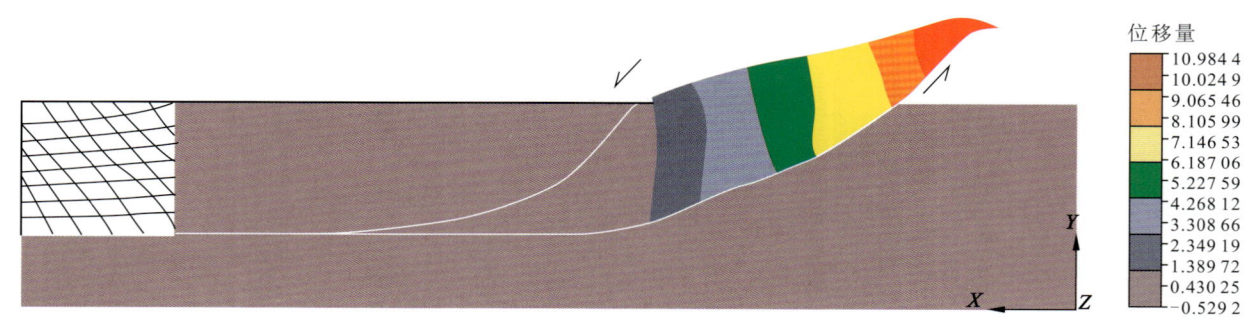

珠穆朗玛峰挤出模型数值模拟

垂向挤出数值模拟说明珠穆朗玛峰南侧推覆性逆冲断层和北侧正断层,正反映了珠穆朗玛峰垂向挤出的合理性。当然实际演化更为复杂,特别是后来发育伸展构造,形成一系列滑来峰,构成了今日珠峰特色。

地幔热流体的上涌、地壳多阶段多体制的伸展(逆冲)以及重力均衡调整作用造就了珠峰及邻区现今的构造地貌特征。

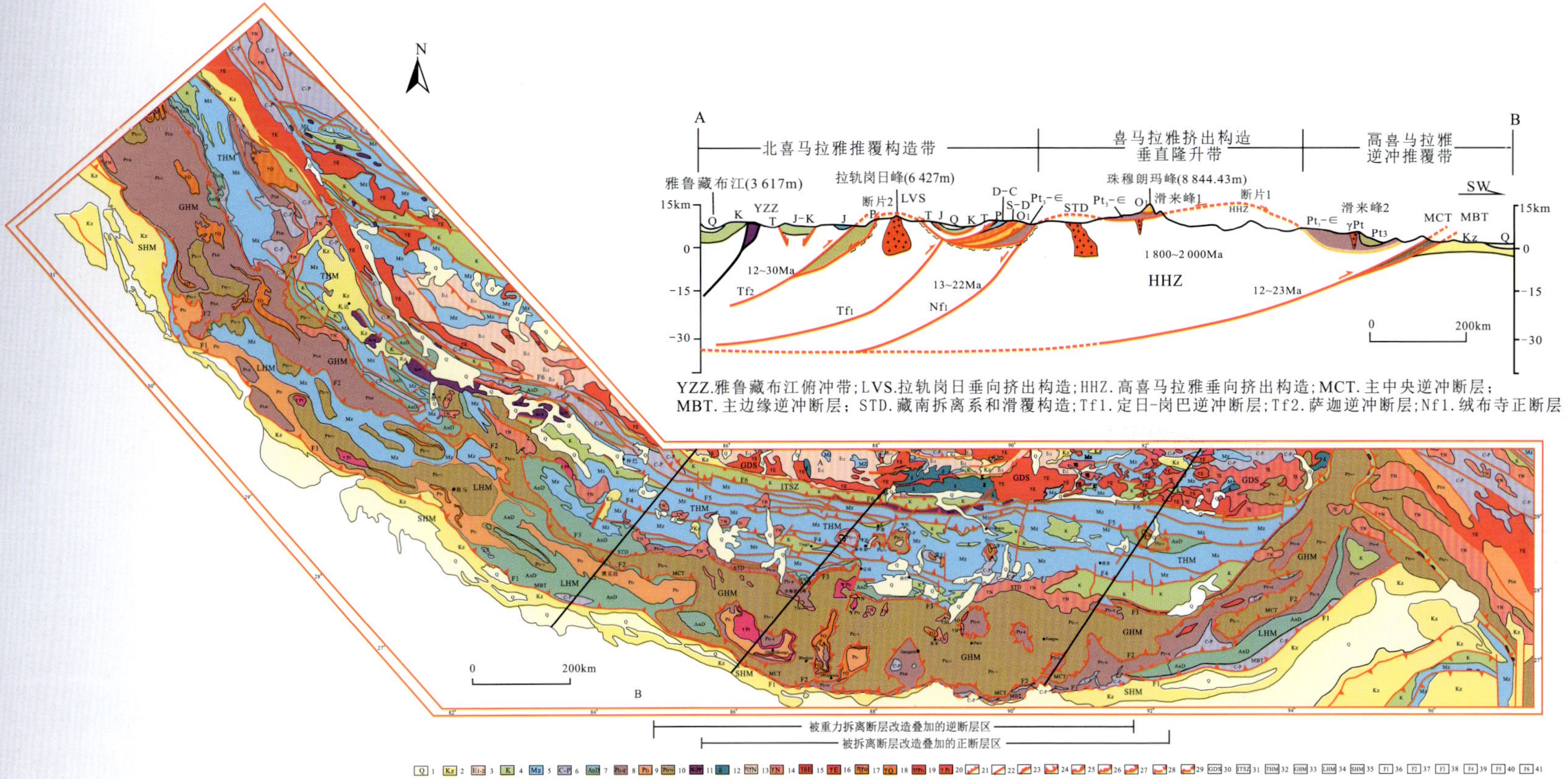

珠峰相邻地区地质图及A—B剖面图（据刘德民，2016）

1.第四系；2.新生界；3.古近纪火山岩；4.白垩系；5.中生界；6.石炭二叠系（盖层3）；7.前泥盆系（盖层2）；8.上元古界-寒武系（盖层1）；9.上元古界（盖层1）；10.中上元古界（基底）；11.侏罗纪-白垩纪蛇绿岩；12.闪长岩；13.新近纪二长花岗岩；14.新近纪花岗岩；15.古近纪花岗闪长岩；16.古近纪花岗岩；17.奥陶纪二长花岗岩；18.奥陶纪花岗岩；19.新元古代二长花岗岩；20.元古宙花岗岩；21.正断裂；22.性质不明断裂；23.走滑断裂；24.逆冲断层；25.拆离断裂；26.受拆离构造叠加改造的正断层；27.受拆离构造叠加改造的逆冲断层；28.隐伏拆离断裂；29.喜马拉雅构造；30.冈底斯构造带；31.雅鲁藏布江缝合带；32.特提斯喜马拉雅构造；33.高喜马拉雅构造带；34.低喜马拉雅构造带；35.次喜马拉雅构造带；36.主边缘逆冲断层；37.主中央逆冲断层；38.藏南拆离系；39.定日岗巴逆冲断层；40.札达-邛多江逆冲断层；41.雅鲁藏布江南逆冲断层

第十四章　各洲首峰新探

· 217 ·

青藏高原及其相邻地区整体构造概要图,以准确的数据简要而形象地解析了青藏高原的现存特色,对正确地认识青藏高原形成本质是十分有益的。

总体看来,开合构造理论比较完美地解析了珠穆朗玛峰的过去与今生,它是青藏高原的一部分。青藏高原是开、合不断转换而形成的复合造山带。珠穆朗玛峰今日能成为世界之巅有其形成的科学依据,它是自然界最美、最大的"金字塔",雄风尽洒,领军世界群峰。

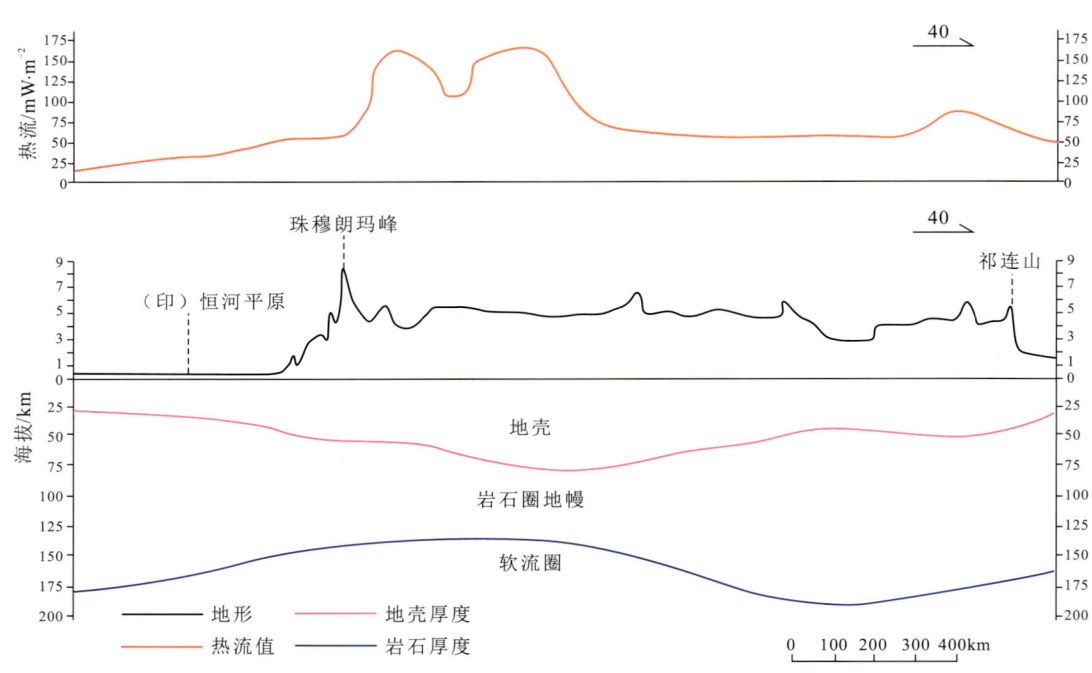

珠穆朗玛峰——祁连山系列图切剖面图

杨巍然教授(右)和曾佐勋教授(左)在野外研究开合构造

第二节 各洲首峰的共性

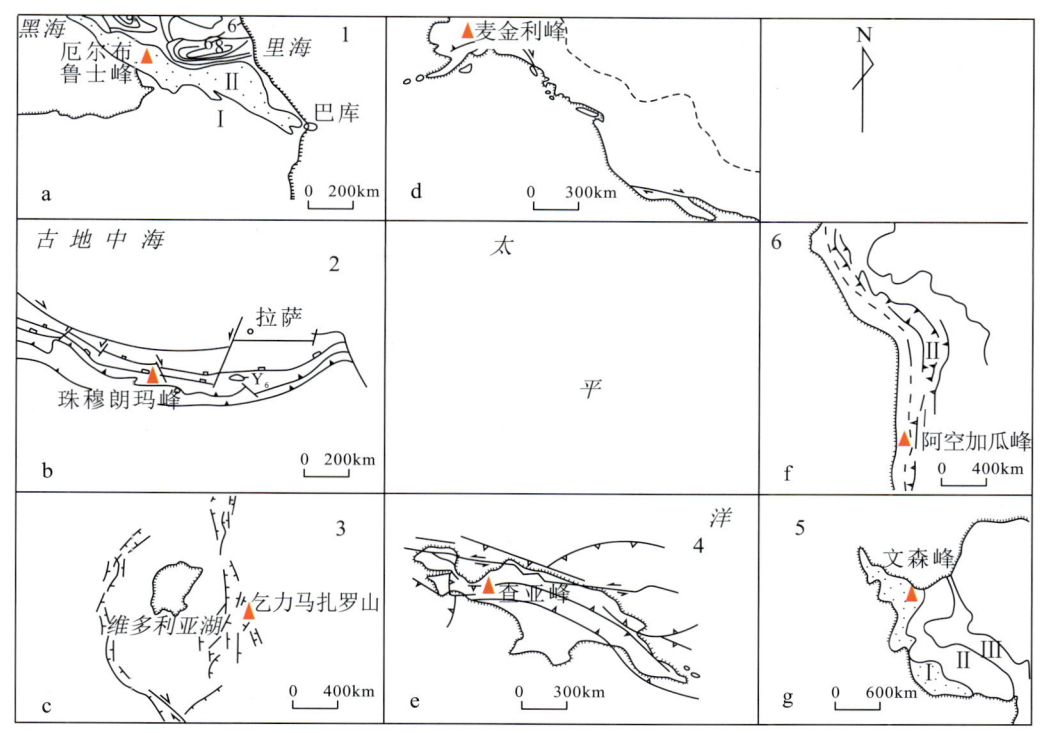

世界七大洲最高峰与弧形构造关系

一、共性一：位于全球各弧形构造之顶端（弧顶区）

（1）欧洲：厄尔布鲁士峰是大高加索山脉弧，是向南西突出的弧形构造的弧顶。

刘锐远眺美丽的厄尔布鲁士峰

（2）亚洲：珠穆朗玛峰是喜马拉雅弧形构造向南突出的弧顶。

喜马拉雅山脉局部一角

（3）非洲：乞力马扎罗山是向东突出的东非裂谷东支弧形裂谷的弧顶。

乞力马扎罗山

（4）北美洲：麦金利峰是向北突出的阿拉斯加弧形山弧顶。

麦金利峰

（5）南美洲：阿空加瓜峰是向东突出的中安第斯弧形山脉的弧顶区。

阿空加瓜峰

（6）南极洲：文森峰是向北北东突出的南极北段弧形山弧顶。

文森峰

（7）大洋洲：查亚峰是向北北东突出的新几内亚弧形山弧顶。

查亚峰

二、共性二：位于全球巨大的新生代构造带

世界七大洲的最高峰，有6座位于全球最突出、巨大的近南北向的环太平洋造山带和近东西向古地中海（古特提斯），其中北美洲的麦金利峰、南美洲的阿空加瓜峰、南极洲的文森峰和大洋洲的查亚峰在环太平洋构造带；亚洲的珠穆朗玛峰和欧洲的厄尔布鲁士峰在古地中海构造带，而且是在与环太平洋构造带交会处附近。非洲的乞力马扎罗山则在世界最大的东非裂谷带上。它们都位于全球巨大的新生代构造带中。

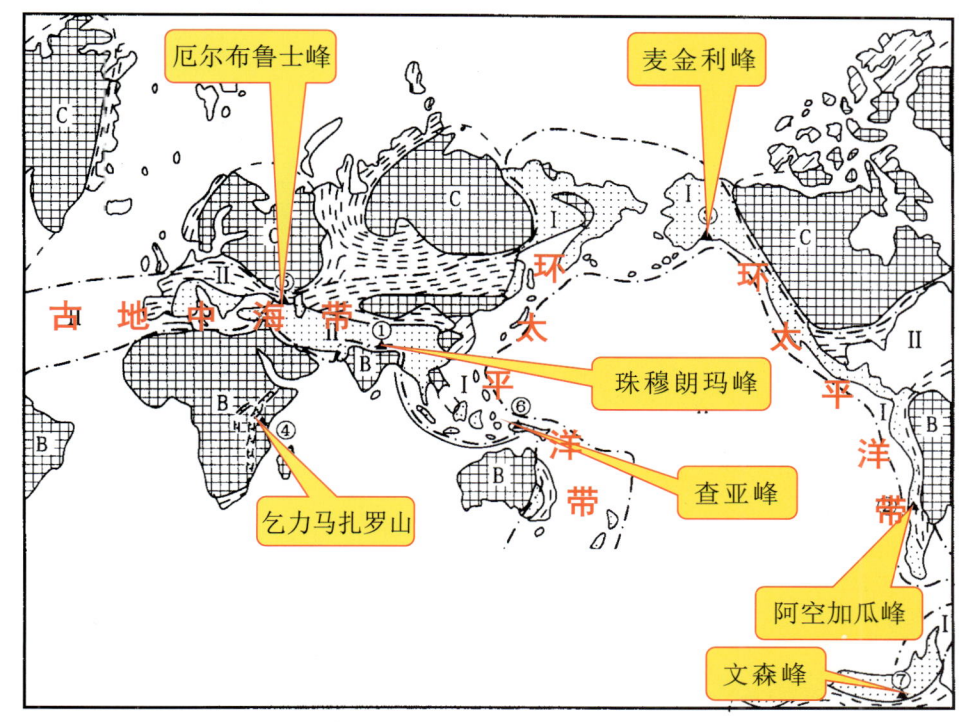

巨大新生代构造带上的世界七大洲最高峰分布图

三、共性三：是现代隆升最快的各洲代表

各洲平均海拔和最高峰海拔数据可给我们一些启示。从图中不难看出，将南极洲冰层厚度扣除后，世界七大洲平均海拔高度均为数百米，各洲相差不大，而处于弧形构造顶端的主峰则鹤立鸡群，凸显一种快速上升趋势。

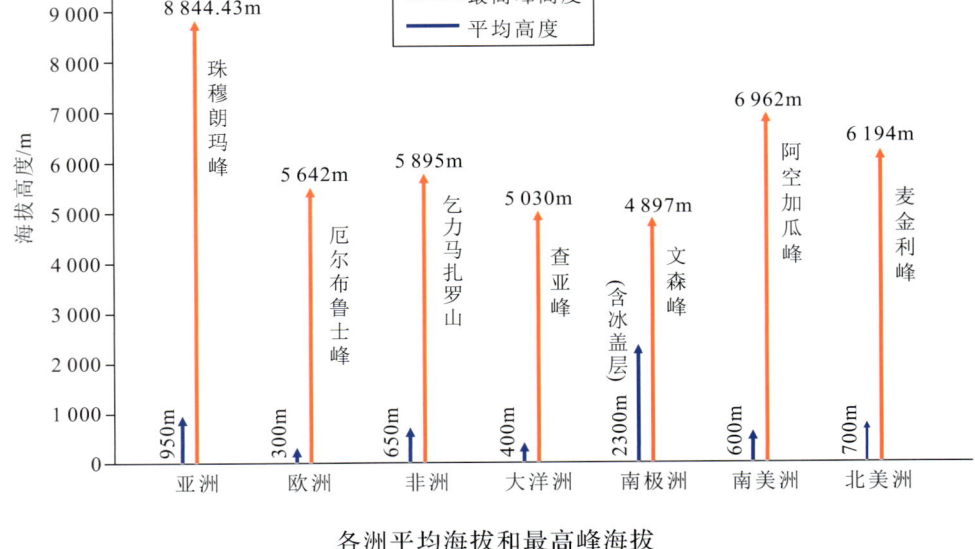

各洲平均海拔和最高峰海拔

世界七大峰都处在新生代地球构造隆升最活跃地区,火山活动、地震发育,强震显著成带沿其分布(见全球地震略图),代表地质构造活跃区。因此,据有关专家说明,现代每年的隆升不断,数据仅具参考价值,但却说明新构造地区隆升速度快。

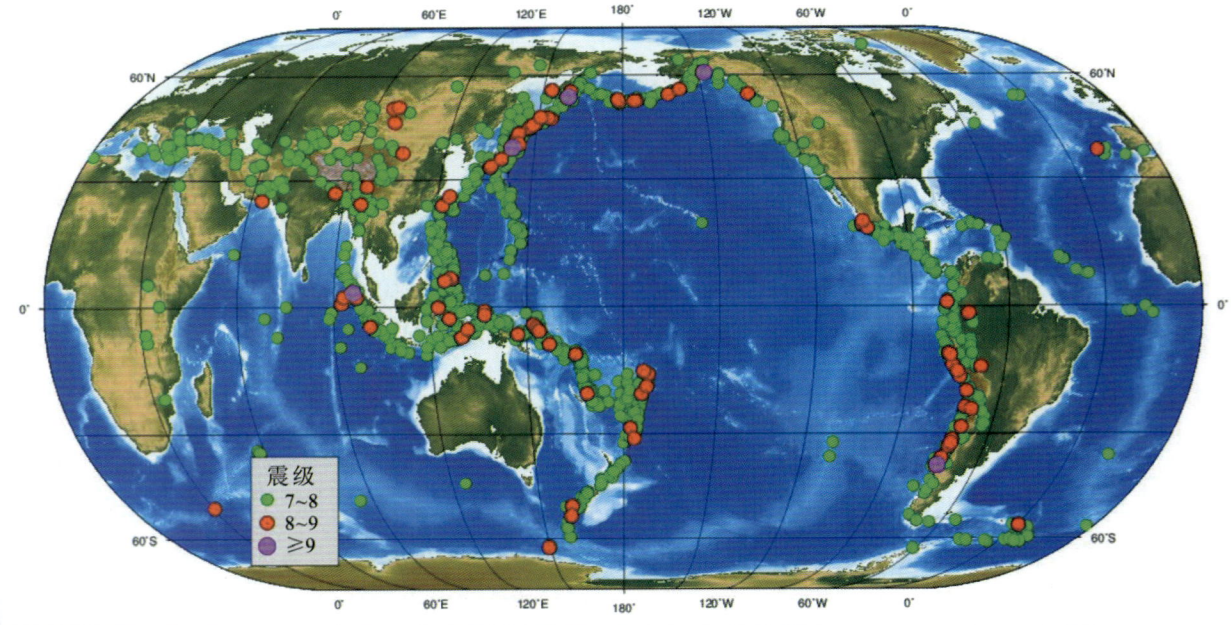

全球地震略图(据王杰,2015)

新构造地区是指地球上新构造最活跃、隆升最快的地区。大多数隆升较快地区都有高山区背景。

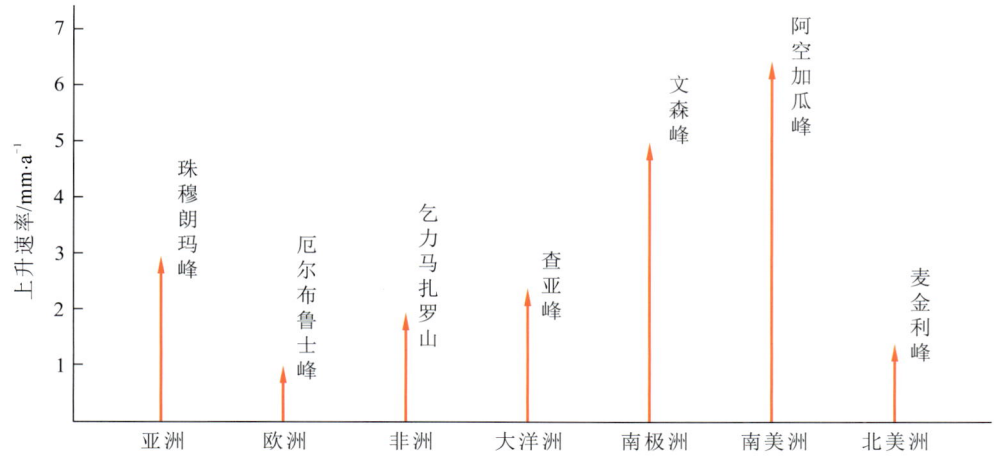

七大洲最高峰隆升速率示意图（据姚运生，2015）

第三节　弧形构造各具特色

各洲最高峰共性为均具弧形构造特征，但又各具独有特征是其特性。

一、欧洲厄尔布鲁士峰——弧陆碰撞弧型

亚洲与欧洲弧陆碰撞，形成大高加索群峰之首，全新世中性火山岩组成地垒系复背斜上最高火山锥，拥有美丽双峰。

厄尔布鲁士峰

二、亚洲珠穆朗玛峰——陆陆碰撞弧型

屹立于喜马拉雅群山中的高峰之首,是天然的金色"金字塔",山壁岩光粼粼,威严无比,是世人心中之神秘圣地。

珠穆朗玛峰

三、非洲乞力马扎罗山——伸展弧型

乞力马扎罗山是世界上最大的独立火山,屹立于赤道附近,山麓气温约50℃,山顶气温约零下30℃。一山分四季,奇景自然生。山顶海拔2 400m处出现直径深200m的冰洞奇景,是自然对人类的恩赐。

乞力马扎罗山

四、大洋洲的查亚峰——弧弧碰撞型

查亚峰是轴面向北倾斜逆冲断裂复杂化的山峰。

查亚峰面南 2km 处有更新世含钾浅成中型岩体侵入,形成大型矽卡岩型 Cu-Au 矿床,成为世界第二大铜金矿,给查亚峰带来财富与荣誉。

查亚峰

五、南极洲文森峰——洋陆俯冲弧型

文森峰是由寒武系石英砂岩组成的单斜山。独具单面山的构造风采,尤以严寒条件下的高原、高山风形成的风蚀地形和冰裂缝成为天然的"鬼门关",给探险者带来生死考验。

文森峰

六、南美洲阿空加瓜峰——洋陆俯冲型

阿空加瓜峰位于安第斯山脉的中南部,由中新世火山切断了褶皱带和逆冲断裂而呈现出大地构造的独特风采。其以地势多变,岩壁巨大称冠而闻名,高山风雪突变后的蘑菇云亦独具特色,动人心魄。

阿空加瓜峰

七、北美洲麦金利峰——走滑弧型

麦金利峰属阿拉斯加山系,地质构造复杂,北部有著名的向南倾 Hines Grek 断层,南坡有距今 60Ma 的花岗岩侵入,围岩为白垩纪弱变质砂岩。麦金利峰位于北极圈边,风景秀丽,自然生态完善。

麦金利峰

第四节 各洲首峰成山特色

世界七大峰均处于世界新构造最活跃地带，每年都有不同程度的隆升，而地质年代却以百万年（Ma）为单位计。若每年上升 10mm，则 1Ma 可上升万米。它们在外动力地质作用、内动力地质作用重力均衡作用下，造成现实中各大洲高山的不同形象。可以归纳为火山成山、构造成山、重力均衡成山，在特殊环境下外力作用为主也可形成小规模的山峰。实际上各种作用是同时存在的，故七大洲最高峰成山特征各显千秋。

一、源于火山、各不相同

欧洲的厄尔布鲁士峰、非洲的乞力马扎罗山、南美洲的阿空加瓜峰均属火山作用形成，都是处于休眠状态的死火山。

（1）厄尔布鲁士峰是著名的高加索造山带中由中性安山岩构成的火山双峰，山水相依，独具魅力。

厄尔布鲁士峰

（2）乞力马扎罗山是东非大裂谷产生的成串死火山，是世界最大的独立大火山，深层喷出的火山岩偏基性，蓝黑色，为多期喷发产物，地处赤道，有独特的四季景观，与山顶的火山冰洞形成奇景。

乞力马扎罗山

（3）阿空加瓜峰是第三纪褶皱带中与褶皱、断裂密切相关的世界最高的死火山，由中酸性岩石组成，其与褶皱断裂成山有关，在成山过程中火山和构造占有同等重要地位，拥有独具特色的最大岩壁景观。

阿空加瓜峰

二、构造成因，各具特色

亚洲的珠穆朗玛峰、大洋洲的查亚峰、南极洲的文森峰、北美洲的麦金利峰都是构造成因，但各具特色、完全不同。

（1）珠穆朗玛峰：以新的垂向挤出构造解析，独具魅力。成山过程，重力均衡作用也非常突出，重力多向滑脱独具特色。

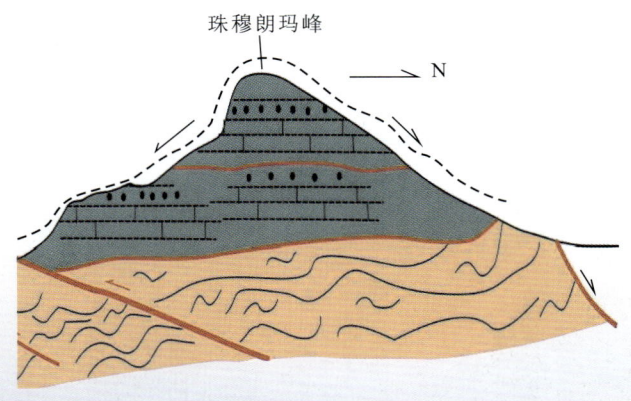

珠峰构造示意图

(2)查亚峰:以推覆构造为特色,并有大型矿山风采。在成山过程中,重力均衡发挥了重要作用。

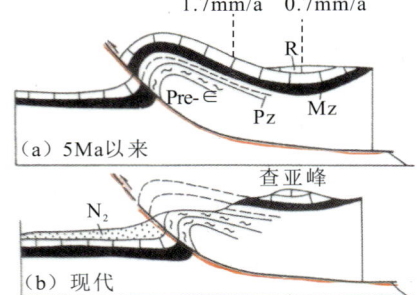

查亚峰岩壁

(3)文森峰:具有独特的单斜构造特色。在成山过程中,外力的冰蚀作用和风化作用非常关键。

文森峰远景

(4)麦金利峰:具有复杂背斜花岗岩核断块构造特色。

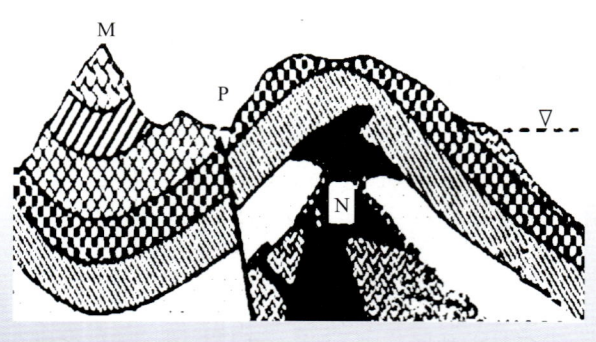

麦金利峰构造示意图

麦金利峰

三、基本结论

通过世界七大洲最高峰的构造解析,印证了杨巍然教授强调的开合构造转换的时空定位有重要的理论和实践意义的认识是正确的,它首先表现在包含世界七大洲最高峰在内的世界绝大多数的山脉和山峰都分布在不同级次的开合构造转换带上(见本书第十四章"巨大新生代构造带上的世界七大洲最高峰分布图")。其中正处于壮年期的太平洋(开)和劳亚大陆及冈瓦纳大陆(合)之间的环太平洋构造带就是一级开合转换带;古特提斯构造带是处于衰老期的新特斯洋(开)和欧亚大陆与非洲印度大陆(合)之间的二级转换带,虽然新特斯洋基本消亡,但仍保留了开的痕迹。其北面向北挤压,形成北阿尔卑斯—大高加索造山带;南面向南挤压,形成南阿尔卑斯—喜马拉雅造山带。东非裂谷是一个孕育着大洋新生的构造(开),乞力马扎罗山位于裂谷东的肩部,可以看成是三级开合转换带。其次与这些山脉和山峰相伴而生的地震、火山、成矿作用等也是分布于上述三级开合转换带上(见本书第十四章的"全球地震略图");同时这些造山运动及地震、火山、成矿等重大事件的动因是来自核幔边界古登堡面的附近,这里正是垂向重力开合构造的转换带(见本书第十二章的"开合旋复杂构造系物质组成、结构、构造及演化简要模型图")。

葛孟春野外考察(左三为葛孟春教授)

第五节　简评开合构造

一、继承前人基础构造的优秀成就

1. 继承了《地质学原理》之后的基本概念

英国学者莱伊尔的《地质学原理》问世之后，在形成的多种经典构造样式有普遍认可的各种基本概括，另在岩石构造、沉积构造、岩浆岩构造、变质构造和显微构造等方面研究都有新的建树。

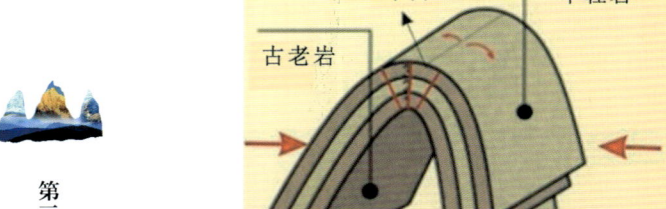

背斜

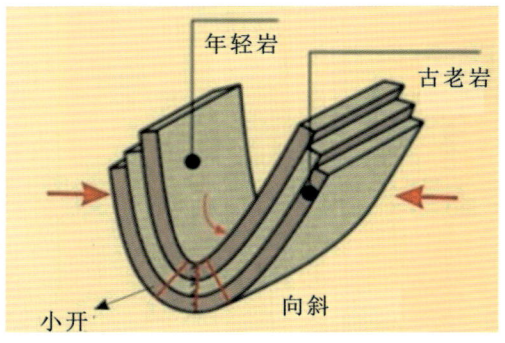

向斜

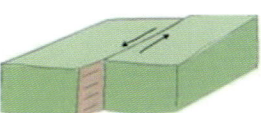

地垒、地堑简图

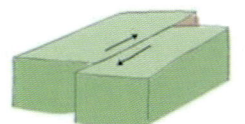

左旋右旋走滑断层示意图

地垒与地堑

经典的构造样式

2. 继承了槽台学说的精华

1859年美国地质学家霍尔在研究阿帕拉契亚山脉时提出,该大向斜轴是活动的槽形沉降带。1873年美国地质学家丹纳将其命名为地槽,用侧向挤压及收缩假说解析。1875年奥地利地质学家修斯发表《阿尔卑斯山的成因》,首次提出地台概念,最终形成槽台学说,是当代大地构造理论的权威学说。开合构造充分继承其基本内涵,但又有全新发展。

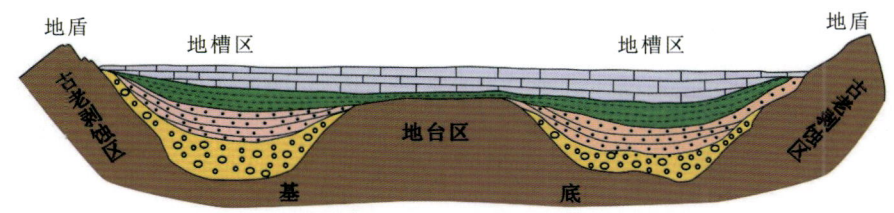

地槽发展的快速沉降段示意图(据李舜贤,1983)

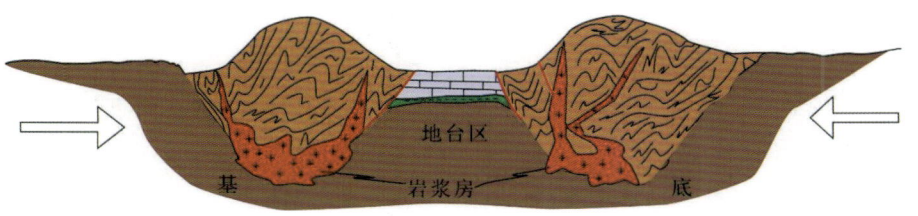

3. 继承板块学说的精华,解决了板块登大陆之难的时空演化问题

1912年魏格纳提出大陆漂移说的初期,遭到许多学者的怀疑与否定。20世纪60年代,麦肯齐、摩根和勒皮雄等几乎同时提出板块学说,得到广泛支持,20世纪70年代广为流传,称为板块革命(先划分为六大板块,现为十二板块)。

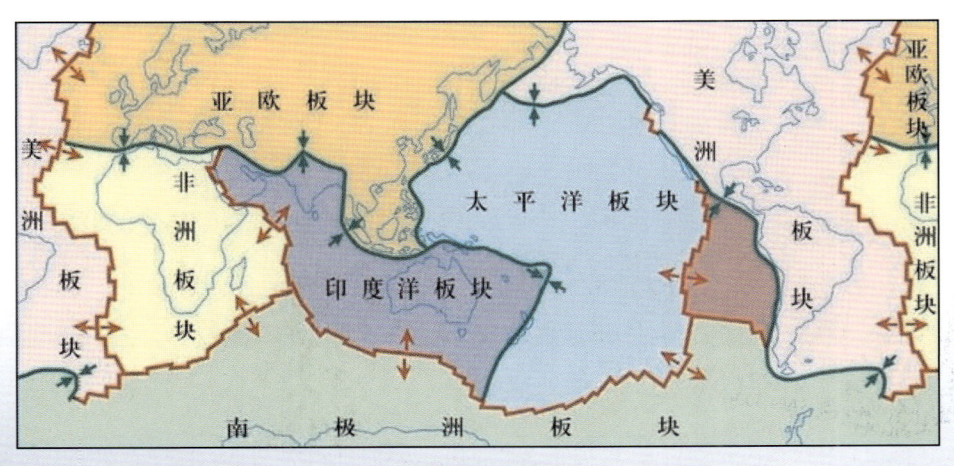

全球板块略图

板块学说继承了板块活动大陆可以漂移的基本思想和大小板块划分的深部构造理论,解析了海洋新构造的事实和模式,但无法解析大陆复杂构造时空演化的诸多矛盾,开合构造则依据大陆的构造演化特色,加以规律性探索,并有全新发展。

二、全球构造的新理论

(1)第一次提出了地球构造演化的全方位构造理论,解决最简洁的根本性模式。有开必有合,此处开彼处合,开中有合,合中有开,二者既对立又统一,既排斥又互补。

(2)第一次准确提出开合构造的动力来源于地核表层与下地幔交接处。地球物理量的突变佐证了开合构造动力来源,从本书第十二章"全球开合旋复杂构造系物质组成、结构、构造及演化简要模型图"中,可以看出无论重力、质量在地核与地幔交界处发生何种突变,开合动力都来源于此。现有关专家正在深入研究,期待有新的突破。

(3)开合两字既反映客观规律的本质,又显现出中国文字的博大精深。

三、开合构造研究简况

1. 良好的基础

开合构造论是中国学者根据我国地质实际共同总结出来的一套大地构造理论。中国地质科学院黄汲清院士、中国科学院地质研究所张文佑院士和中国地质大学(北京)马杏垣院士是开合构造论的倡导者和实践者,为开合构造论的创建和发展奠定了良好扎实的理论基础。

新的地球物理研究成果,为开合构造探索深部动力来源提供了佐证,引发了新的思考。

断块、褶皱、穹形反映的开合特征(据王执明,1979)

　　　　黄汲清　　　　　　　　张文佑　　　　　　　　马杏垣

2. 新阶段的标志

为了更好地发展开合构造理论,在中国地质学会构造地质专业委员会下成立了开合构造研究组,2002年4月23日在北京召开了成立大会及第一次开合构造学术讨论会,选举张抗为组长,姜春发、杨巍然为副组长,标志着中国开合构造研究进入了一个新阶段,2004年《地质通报》刊出了"开合构造专刊",从而使更多的同行认识和接受了开合构造观点。

　　　　张抗　　　　　　　　　杨巍然　　　　　　　　姜春发

3. 成熟的总结

2016年6月12日,杨巍然、姜春发、张抗、郭铁鹰四位教授的新著《开合构造:新全球构造观探索》是最新的综合总结成果(《地学前缘》于2016年6月正式发表),是构造发展史上新的里程碑。世界七大洲最高峰的构造解析印证了杨巍然教授强调的开合构造转换的时空定位有重要的理论和实践意义的认识是正确的。该成果突出强调:①开合转换区的重要意义;②提出了开合构造体系和应用的方法,强调了开合旋构造的长期作用;③从开合构造的角度提出了开合动力源于古登堡面附近的地球转换带是地壳运动的突变带;④统一了长期争论的垂直运动与水平运动的同一性、差异性与互相转换特征的认识;⑤关于动力来源的理论推断,在古登堡面附近形成的转换带上,有重大的意义,得到了地球物理新的研究成果佐证。

2014年4月中旬有关专家在中国地质大学(北京)听取於文辉教授开合动力源研究新进展发言后,2016年4月於文辉教授再度汇报研究新进展,受到广泛好评。

2016年4月在中国地质大学(北京)讨论会主要参加者合影
(从左至右:於文辉、张抗、杨巍然、姜春发、郭铁鹰、李舜贤)

第十五章　护佑山灵

青山绿水自然美,护山护水谱千秋。
万众优化新天地,人类安居有前途。

第一节　护山从源头做起

一、人类对环境认识的升华

进入 20 世纪后期,人类保护环境的意识越来越强烈,1972 年 6 月 5—16 日联合国首次人类与环境会议在瑞士首都召开,133 个国家 1300 多名代表参加。通过《人类环境宣言》,并将每年 6 月 5 日定为世界环境日。

二、从源头做起

我国人民和政府历来重视对环境源头山的保护。黄河、长江是中华民族的母亲河。其源头是中国西部巨大的群山。山水相依架构优美环境,护山就是保护环境的源头。

青海三江源国家级自然保护区位于青藏高原的腹地,是长江、黄河、澜沧江三大河流的发源地,占地总面积达 39.5 万 km^2,是我国最大的自然保护区。其平均海拔 3 500~4 800m,孕育了中华民族和东南亚中南半岛悠久的历史文明和辉煌史诗。

三江源地区湖水与沼泽相依,形成涓涓溪流汇成河流。

三、两江、多河交汇处是人类的美丽家园之一

两江、多河交汇形成了人类美丽而欢乐的家园,汇集了古代文明又彰显了现代文明,更显魅力无限。

青海三江源自然保护区

三江源清沏河流

第二节 护山就是护水、护气候、护生物

一、护山就是护水

山水相依是久久回荡在历史长河中的史诗。青山依旧绿水长流是自然演绎的自然史话。

满目青山如碧玉林立,树木繁茂,可避免雨水直接冲刷山体,地表的树木、草皮等地面附着物对水土保持功能具有重大作用,水源源不断,供给溪流汇成江河、湖泊,终入海洋。青山绿水宜人居,谱写生态新篇章。护山就是护水,就是保护人类和自然生态的可持续发展,实现青山依旧绿水长流的美好愿景。

二、护山就是护气候

山是一道屏障,它能抚育森林、保持水土、涵养水源,还能调节气候。护山就是护气候。

从伐木取材转变为造林护绿,即是护山、护林、护气候,是人们环保意识增强的体现。

保护气候已成为人类的共识,2015年12月12日巴黎气候变化大会签署了《巴黎协议》,2016年4月22日全球近200多个国家领导人相聚联合国签署了《巴黎气候变化协定》。该协议于2016年11月4日正式生效,是新的有法律约束的国际协定,反映了人类对气候的共同关注。

青山绿水(湖南)

青山绿水对气候优化有巨大作用(武夷山)

避暑胜地庐山(江西)

三、护山就是护生物

生物与山水相依,有了青山绿水,才能维护生态平衡、保护生物多样性。武夷山山清水秀,被誉为"珍稀植物王国,奇禽异兽天堂",为人类生存提供了良好的环境条件。

武夷山天堂鸟

武夷山猴子

武夷山一角

第三节　护山就是护人类

一、山是人类的保护神

山水相依是自然界的客观规律，青山绿水塑造了多姿多彩的大自然，演绎了自然界数不清的动人故事，谱写了自然史诗最美的长卷。人从山中走出来，栖息于江畔，山成为人类和自然生态的保护神。

山水相依（广西）

植被发育（广东）

二、护山就是护人类

巨大山脉决定了自然界的环境分带，垂直分带、水平分带各具特色，山上山下两重天，大山的阻隔决定了气候分带，气候分带又决定了人类生存和自然生态的条件。护山就是护人类。

中国的山川地势与气候分带关系十分密切。例如南北气候分带是东西走向的，受秦岭山系与大别山系控制。南岭和东南群山保障了南方气候和自然生态的和谐。

山上山下两重天(新疆)

随着社会的不断发展,人们的护山意识逐渐增强。人们应保护好山的环境,特别是合理、有序、依据承载能力进行科学规划,有度使用。美丽家园的乡村旅游新发展是保护山水环境的重要措施,极具发展潜力和有利自然生态的和谐与可持续发展。

美丽家园乡村旅游新景点(浙江)

保护好人类的共同家园,为子孙后代留下良好的生存环境,实现唯美山河的可持续发展。

唯美山河(西藏南部)

探山赋

远古探山兮,蒙昧崇神;近代探山兮,资源创新;
科学探山兮,求索寻真;山之起因兮,内外有因。

先秦奇书兮,山海经论;历代精英兮,学说纷陈;
现代地质兮,欧美星辰;模名理论兮,率先遵循;
世界构造兮,中国奇葩;引入槽台兮,百家论秦。
李四光君兮,地质力学;黄汲清君兮,多旋回歌;
张文佑君兮,断块理论;马杏垣君兮,区域首珂;
张伯声君兮,波状镶嵌;陈国达君兮,活化先河;
王鸿祯君兮,历史构造;大地芬芳兮,百花艳罗。

板块学说兮,风靡全球;海洋起家兮,物探重弹;
定量依据兮,说服众人;迅速扩展兮,各方齐看;
解析有方兮,模式革命;登陆受阻兮,开合释疑;
时间演化兮,大陆难解;呼唤新论兮,解析众欢。

中国学者兮,据实创新;继承传统兮,建树新竿;
黄老汲清兮,手风琴论;张老文佑兮,断块论丸;
马老杏垣兮,首论开合;三大团队兮,同时登坛;
创新理论兮,精心实践;零四共聚兮,初步同刊。
十年过后兮,汇聚一堂;三大学派兮,总结定纲;
继承前人兮,开合新论;完整体系兮,解析理彰;
海陆一体兮,同源一家;深部解析兮,物探操狂;
数据依据兮,中美合作;表里相依兮,开合论扬。

五洲大地兮,山水相依;资源保护兮,理应举旗;
植被发育兮,满目青衣;植物丰富兮,动物群奇;
雨水保养兮,减灾受益;自然环境兮,唯美应宜;
前人植树兮,后人乘凉;代代相传兮,山魂永颐。

跋

山，人类旷古的情怀，从启蒙岁月走向文明岁月，从初始文明到现代文明，在人类发展史中，不断地颂扬着人对山的情怀。

策划者们力图用科普的方式揭示识山、登山、探山三部曲中的逸闻、趣事、情怀，将它们奉献给广大青少年朋友们。2013年12月杨巍然教授在科学报告中展示了"对山探索"的科学情怀，故策划者将此书命名为《山情》并数易其稿。2015年金秋，杨巍然教授和李舜贤教授相约专赴北京拜访了我国登山界的老、中、青三代英雄们，先后访问了李致新、王富洲、袁扬、王勇峰、次落和郭铁鹰教授、郭兴教授、杨光荣教授等，并寻访了老一辈地质科普大家陶世龙教授。我们充分听取了他们的意见，请他们审阅相关部分书稿内容。据此由杨巍然、李舜贤、曾佐勋几度商定提纲，并听取中国地质大学（武汉）党委副书记傅安洲教授意见，经多次会议研究将此书重新命名为《高山仰止》，并于2015年12月16日完成全稿，2016年4月再赴北京请中国登山队、登山协会有关领导和中国地质大学原科考队的领导重审，再度更名为《山》，重新修改并于2016年9月完成，再送有关领导审查。部分诗词请诗词学者胡良才先生修改润色，后由曾佐勋全部审定，使其增色不少。郑文衡、张林在审阅书稿过程中提出了很多修改意见，使本书得到进一步提升，在此一并致谢。

应该说明的是有关文字、照片资料是以相关登山英雄们的历史记述为基础，大部分照片由中国登山队提供，部分由中国地质大学（武汉）体育课部、党委宣传部提供，均未署名。部分图片来源于网络，是为佐证历史事实的准确。因为无法与每一位图片拍摄者取得联系，在此向拍摄者表示感谢，并期望与我们联系，届时将赠送此书以表谢忱。

本书探山部分的科学资料主要来自杨巍然教授长期领导和培养的由博士生导师、教授、博士、硕士组成的超过100人的研究团队已发表的科学资料和中国登山队的访问资料，故未一一注明来源。整个编撰过程得到中国地质大学（武汉）的大力支持，校领导傅安洲教授多次参加会议听取汇报，并参加杨巍然教授的科研报告会，发表了很多真知灼见，且亲自审定最终提纲，为本书的完成付出了巨大的心血。中国登山协会袁扬的审定，保证了资料的准确性，顾问组成员全面关注本书的编撰和出版事宜。众多的学者，如於文辉、刘玉发、任端芳、姚运生、马昌前、张世晖、胡良才、李舜文、徐四平、鲁元、徐世球、潘铁虹、苏墩伦、杨光荣、叶俊林、林秀伦、张吉顺、易启瑞、张汉萍、董月华、杨伦诸位教授以及吕国斌、赵祖辉、叶洪波、李欣、陈华文、付小琳等同志也提出了很多宝贵意见；姜春发教授、张抗教授审阅了第三篇相关部分；曾志辉、杨双硕士参与了部分工作；依据审稿意见，刘德民博士、王杰博士对部分图件作修订；文字录入由张文娟完成。笔者再次致谢。

本书在出版过程中，得到了中国地质大学出版社副社长张瑞生博士和编辑张林的关心与帮助，在此一并表达诚挚谢意。

我们希望本书能成为一本对我国广大青少年朋友有益的科普读物，能为他们的理想、抱负、圆梦提供一些启迪。

　　　　　　　风雪数载三易稿，艰辛努力成真果。
　　　　　　　喜看"三山"已丰满，但愿播种如星火。

李舜贤　　曾佐勋
2016 年 9 月 30 日于武汉南望山麓

图书在版编目(CIP)数据

山/李舜贤著. —武汉:中国地质大学出版社,2018.6
ISBN 978-7-5625-4353-4

Ⅰ.①山…
Ⅱ.①李…
Ⅲ.①登山运动-基本知识
Ⅳ.①G881

中国版本图书馆 CIP 数据核字(2018)第 157043 号

山	李舜贤　张志坚　曾佐勋　次　落　著
	刘　锐　陈　晨　刘德民

责任编辑:张　林　张瑞生			责任校对:周　旭
出版发行:中国地质大学出版社(武汉市洪山区鲁磨路388号)			邮政编码:430074
电话:(027)67883511	传　真:(027)67883580		E-mail:cbb@cug.edu.cn
经销:全国新华书店			http://cugp.cug.edu.cn
开本:880 毫米×1 230 毫米 1/16		字数:539 千字	印张:17
版次:2018 年 6 月第 1 版		印次:2018 年 6 月第 1 次印刷	
印刷:武汉市籍缘印刷厂			
ISBN 978-7-5625-4353-4			定价:196.00 元

如有印装质量问题请与印刷厂联系调换